Desafíos jurídicos en la protección de los conocimientos y expresiones culturales tradicionales en la era de la inteligencia artificial

Desafíos jurídicos en la protección de los conocimientos y expresiones culturales tradicionales en la era de la inteligencia artificial

Margarita María Fandiño López

Atelier
LIBROS JURÍDICOS

Este libro ha sido sometido a un riguroso proceso de revisión por pares.

© 2025 Margarita María Fandiño López

© 2025 Atelier
      Santa Dorotea 8, 08004 Barcelona
      e-mail: editorial@atelierlibros.es
      www.atelierlibrosjuridicos.com
      Tel. 93 295 45 60

I.S.B.N.: 979-13-87543-80-8
Depósito legal: B 9119-2025

Impresión: Podiprint

"Los objetos que una sociedad produce no son meramente utilitarios; son también vehículos de significados, reflejando y reforzando la estructura social y las creencias culturales."
—Claude Lévi-Strauss— "El pensamiento salvaje"

Dedico este libro a mis padres, Margarita López Cely y Efraín Fandiño Marín, dos colombianos nacidos en pequeños pueblos, forjados en el realismo mágico que define la Colombia rural. A través de los objetos que los rodeaban, absorbieron una cultura que hoy marca su identidad y la mía.

Las historias de su vida en el campo siempre han sido parte de mi vida, al igual que los vínculos con los objetos de sus tierras de origen. En nuestra casa, las alpargatas de fique han sido lo que para otros son las pantuflas; y las celebraciones al estilo de la provincia de Vélez, Santander, con bailes de moño, coplas y el tradicional piquete veleño, nunca faltaron.

Este libro lo escribo con especial emoción, porque mi madre me enseñó que cada objeto, ya sea elaborado por sus manos, adquirido o regalado, es mucho más que un bien material: es un relato en sí mismo, un testimonio de un momento, un lugar y un sentimiento.

SUMARIO

ABREVIACIONES

AI / IA	Inteligencia Artificial
CAN	Comunidad Andina de Naciones
CBD	Convenio sobre la Diversidad Biológica
CONPES	Consejo Nacional de Política Económica y Social
COP16	16ª Conferencia de las Partes del Convenio sobre la Diversidad Biológica
CT	Conocimientos Tradicionales
DO	Denominación de Origen
ECT	Expresiones Culturales Tradicionales
FAIR	Principios para el manejo y gobernanza de datos: Encontrables, Accesibles, Interoperables y Reusables (por sus siglas en inglés)
FAO	Organización de las Naciones Unidas para la Alimentación y la Agricultura
OMC	Organización Mundial del Comercio
OMPI	Organización Mundial de la Propiedad Intelectual
OIT	Organización Internacional del Trabajo
ONG / NGO	Organización No Gubernamental
PES	Planes Especiales de Salvaguardia
PI	Propiedad Intelectual
RUAC	Registro Único de Artesanos de Colombia
SIC	Superintendencia de Industria y Comercio
UNESCO	Organización de las Naciones Unidas para la Educación, la Ciencia y la Cultura

INTRODUCCIÓN

La protección a los conocimientos tradicionales es una preocupación internacional, que inicio en los años 80 en la Organización de las Naciones Unidas para la Agricultura y la Alimentación (FAO), que puso de presente la necesidad de una compensación por la contribución a la agricultura pasada, presente y futura de centros de origen culturalmente diversos (Loggiodice, 2002). Con el tiempo, el debate ha trascendido el ámbito de los recursos biológicos y los métodos de uso de especies vegetales, incorporando la necesidad de salvaguardar las lenguas, expresiones artísticas, artesanías y demás manifestaciones culturales. En el contexto contemporáneo, la expansión de los mercados digitales, la automatización y la inteligencia artificial han generado nuevos desafíos que exigen una revisión crítica de los marcos normativos vigentes y su capacidad de respuesta ante la evolución tecnológica.

Este libro constituye la continuación de una investigación desarrollada en 2014 como trabajo de grado en derecho, en la cual se analizó la protección jurídica de las E.C.T. en Colombia, a partir del estudio de caso de la mochila Arhuaca y la marca registrada "Mochilas Arhuacas". En aquella oportunidad, el análisis se centró en evaluar la idoneidad del régimen de propiedad intelectual para la protección y preservación de estas expresiones culturales, considerando las herramientas jurídicas disponibles en el ordenamiento colombiano e internacional.

No obstante, en la última década se han producido avances normativos y tecnológicos que han redefinido los términos de este debate, lo que hace pertinente una actualización de la investigación con el fin de examinar los nuevos desafíos regulatorios y las respuestas institucionales que han surgido en este periodo.

Uno de los desarrollos normativos más significativos en este campo ha sido la adopción del Tratado de la OMPI sobre la Propiedad Intelectual, los Recursos Genéticos y los Conocimientos Tradicionales Asociados, aprobado el 24 de mayo de 2024. Este instrumento establece obligaciones en materia de divulgación del origen de los conocimientos tradicionales en las solicitudes de patente y refuerza la necesidad de garantizar la transparencia en el acceso y uso de estos saberes. En el plano nacional, otras disposiciones relevantes, como la Ley 2158 de 2021 (Ley del Viche/Biche) y su Decreto reglamentario 1456 de 2024, así como la Sentencia C-480/19 de la Corte Constitucional, han incorporado elementos normativos y jurisprudenciales dirigidos a fortalecer la protección y gestión de los conocimientos tradicionales en la comunidad afrodescendiente. Si bien estos avances representan un paso hacia el reconocimiento jurídico de los C.T. y las E.C.T., aún persisten desafíos en su implementación efectiva y en la adaptación de los marcos regulatorios a las nuevas dinámicas económicas y tecnológicas.

En este contexto, la creciente influencia de la inteligencia artificial en la producción y reproducción de contenidos plantea problemáticas inéditas para la protección de las E.C.T. y los C.T. La digitalización ha facilitado el acceso y la circulación de estos conocimientos, pero al mismo tiempo ha incrementado los riesgos de apropiación indebida, descontextualización y explotación económica sin el consentimiento ni la participación de sus legítimos titulares. El desarrollo de modelos algorítmicos capaces de generar, replicar y transformar conocimientos y expresiones culturales tradicionales sin mecanismos adecuados de reconocimiento y compensación agrava las asimetrías existentes en la gobernanza de estos saberes y desafía la suficiencia de los regímenes jurídicos actuales para garantizar su debida protección.

Este libro tiene por objeto analizar el marco normativo vigente y los desafíos emergentes en la protección de los C.T. y las E.C.T. en la era digital, con particular énfasis en los impactos derivados de la inteligencia artificial y la expansión de los mercados digitales. A través de un estudio doctrinal y normativo, se examina la evolución de los instrumentos internacionales y nacionales colombianos en esta materia, así como las limitaciones y vacíos que aún persisten en la regulación. A diferencia de la investigación original, centrada en la comunidad Arhuaca, en esta obra se amplía el enfoque para evaluar cómo los cambios recientes han modificado el panorama jurídico de la protección de los conocimientos tradicionales y expresiones culturales tradicionales en Colombia. Con ello, se busca contribuir a la reflexión sobre la adecuación de los marcos regulatorios y la necesidad de actualizar las políticas públicas y los programas nacionales dirigidos a garantizar la efectiva salvaguardia de estos saberes en el siglo XXI.

I.

CONOCIMIENTOS TRADICIONALES Y EXPRESIONES CULTURALES TRADICIONALES

El término "conocimientos tradicionales" aparece en el mundo jurídico en el año 1992 en el Convenio de la Biodiversidad Biológica (de ahora en adelante CDB) en su artículo 8 literal j[1]. Sin embargo, la preocupación por la protección jurídica de los mismos tiene origen en los años 80 en la Organización de las Naciones Unidas para la Agricultura y la Alimentación (FAO) que puso de presente la necesidad de una compensación por la contribución a la agricultura pasada, presente y futura de centros de origen culturalmente diversos (Loggiodice, 2002). Por otro lado, el término "expresiones culturales tradicionales" surge en el marco de las Disposiciones Tipo OMPI-UNESCO de 1982[2], dónde se establecen acciones tendientes a evitar las explotaciones ilícitas y lesivas de las E.C.T. (OMPI-UNESCO, 1985).

---

1. Artículo 8, CDB, literal j) "Con arreglo a su legislación nacional, respetará, preservará y mantendrá los conocimientos, las innovaciones y las prácticas de las comunidades indígenas y locales que entrañen estilos tradicionales de vida pertinentes para la conservación y la utilización sostenible de la diversidad biológica y promoverá su aplicación más amplia, con la aprobación y la participación de quienes posean esos conocimientos, innovaciones y prácticas, y fomentará que los beneficios derivados de la utilización de esos conocimientos, innovaciones y prácticas se compartan equitativamente"

2. El artículo 1 de las disposiciones Tipo (OMPI-UNESCO) habla sobre las creaciones del folklore de las cuales surge el concepto de las E.C.T

Actualmente existe un marco de debate internacional llamado el Comité Intergubernamental de la OMPI[3] sobre Propiedad Intelectual y Recursos Genéticos, Conocimientos Tradicionales y Folclore, que ha realizado diversas investigaciones y estudios, los cuales han servido para establecer los principios y objetivos compartidos que guían las políticas de protección a las E.C.T. y C.T.

El Comité Intergubernamental de la OMPI ha llevado a cabo importantes avances en sus recientes reuniones, particularmente durante la 48.ª sesión (29 de noviembre al 1 de diciembre de 2024) y la 49.ª sesión (2 al 6 de diciembre de 2024). En estas reuniones del Comité Intergubernamental de la OMPI sobre Propiedad Intelectual y Recursos Genéticos, Conocimientos Tradicionales y Folclore, los Estados miembros revisaron los avances en la implementación del Tratado de la OMPI sobre la Propiedad Intelectual, los Recursos Genéticos y los Conocimientos Tradicionales Asociados, adoptado en mayo de 2024 en Ginebra. Este tratado, centrado principalmente en los C.T. asociados a los recursos genéticos, establece un requisito de divulgación en las solicitudes de patente para garantizar la transparencia y evitar la apropiación indebida de estos conocimientos. Aunque no establece una definición amplia para los C.T. en general, sí proporciona mecanismos específicos para proteger aquellos vinculados a recursos genéticos, reconociendo el carácter dinámico y colectivo de estos conocimientos (OMPI, 2024).

Específicamente durante la 48.ª sesión, realizada en noviembre de 2024, se tomaron decisiones para garantizar la continuidad de las negociaciones y se acreditaron nuevas organizaciones como observadores ad hoc, permitiendo una mayor participación en los procesos (OMPI, 2024).

Durante la 49.ª sesión, celebrada en diciembre de 2024, el Comité abordó la participación de comunidades indígenas y locales, alentando contribuciones al Fondo Voluntario de la

---

3.   OMPI: Organización Mundial de la Propiedad Intelectual

OMPI para fortalecer su representación. También se eligieron nuevos miembros del Consejo Asesor para gestionar el fondo, aunque algunas delegaciones expresaron reservas sobre ciertos nombramientos. En cuanto a la agenda técnica, el Comité continuó trabajando sobre la base de los documentos previos relativos a los conocimientos tradicionales y a las expresiones culturales tradicionales, sin embargo, los Estados miembros no lograron consenso sobre los textos propuestos y decidieron continuar las negociaciones (OMPI, 2024).

A pesar de los grandes avances que se han realizado en el marco diplomático antes referido aún no se ha establecido una definición comúnmente aceptada en el plano internacional para los C.T., en efecto dicho concepto desde los años noventa ha sido fuente de debate y discusiones a nivel internacional (OMPI, 2014). Sin embargo, al hablar de C.T. se hace referencia tanto a las prácticas como a la experiencia, sabiduría y manifestación de la misma; desarrolladas de generación en generación por parte de comunidades indígenas, campesinas, locales y afrodescendientes. Los C.T. engloban dos elementos, uno intangible, referente a las ideas de dichos grupos poblacionales y otro tangible, que son las expresiones de esas ideas o E.C.T., que por lo general forman parte de la identidad cultural y el patrimonio de la comunidad tradicional.

En cuanto a las E.C.T., éstas son frecuentemente consideradas por las comunidades indígenas y grupos locales, como inseparables de la estructura de los C.T. (OMPI, 2005), a pesar que el análisis conceptual de las E.C.T. pueda desarrollarse conjuntamente con el de los C.T., cuando nos referimos a alternativas de protección legal, el estudio debe ser separado de los C.T. En efecto, de acuerdo con estudios recientes, algunas E.C.T. pueden existir de manera independiente, especialmente aquellas relacionadas con expresiones artísticas o ceremoniales (OMPI, 2023). Esto permite que en ciertos casos puedan recibir protección autónoma.

Lo anterior es relevante porque, al aplicar mecanismos de protección de la propiedad intelectual (de ahora en adelante P.I.) para proteger las E.C.T, por un lado, y los C.T., por otro, se presentan objetivos diferentes y discusiones políticas distintas. En la medida en que los C.T. incluyen recursos genéticos y biológicos, métodos medicinales, entre otros (TRUJILLO, 2007) y las E.C.T incluyen las expresiones verbales, musicales, de danza, rituales, escénicas, ceremoniales y los artículos de ornamentación corporal (OMPI, 2005), pero no comprenden los recursos genéticos y biológicos. Esta diferencia determina que las discusiones que se presentan en el ámbito de los C.T. además de tratar asuntos sobre el entendimiento y conciencia, también versan sobre la integridad física de los miembros de la comunidad y del entorno de las mismas, cuestiones que no juegan un papel tan relevante en el ámbito de las E.C.T; puesto que en este espacio el debate se cierne principalmente a un aspecto cognoscitivo y artístico de la comunidad.

Por lo anterior, el análisis del concepto, las características y normatividad existentes de las E.C.T y los C.T., se hará conjuntamente, mientras que las alternativas de protección legal que se estudiarán serán aplicables únicamente para las E.C.T.

Para entender los conceptos de los C.T. y las E.C.T, es necesario conocer los aspectos que los caracterizan, señalados a continuación:

— **Son conocimientos y expresiones atemporales.** Ambos surgen de la sabiduría, prácticas y creencias tradicionales que han sido transmitidos y reinterpretados por generaciones a través de los años. A pesar de que las costumbres están en armonía con las tradiciones que las han originado, también recogen y reflejan prácticas y creencias contemporáneas de indígenas y grupos locales. (OMPI, 2002) En este sentido, es de resaltar que el termino atemporal no se debe entender como estático, sino que por el contrario al ser conocimientos y expresiones reinterpretados y transmitidos de generación en generación, su contenido puede evolucionar conforme a las necesidades de la comunidad.

— **Dependen del contexto social y geográfico.** Dependen del contexto social, puesto que por lo general están ligados con valores religiosos y culturales o, en otras palabras, con las creencias y rituales de las comunidades indígenas y locales. También dependen del contexto geográfico, debido a que una gran mayoría de C.T. y E.C.T. son elaborados con los recursos naturales que rodean los pueblos indígenas y comunidades locales, tales como los artículos de ornamentación corporal o las construcciones arquitectónicas, además, el clima, la vegetación, fauna y el relieve inciden en el tipo de conocimiento que se desarrolla y el tipo de problemas que se busca solucionar. (Franco, 2007).

— **Los titulares de los C.T. y E.C.T. pueden ser individuos / particulares o la comunidad / colectividad**. Solo pueden ser titulares aquellos quienes han generado el conocimiento, no personas naturales o jurídicas ajenas a la producción del mismo. Los titulares pueden ser individuos como los chamanes o comunidades como la Comunidad Indígena Arhuaca, que es titular de la marca mochilas Arhuacas. (Franco, 2007). En efecto, esta diversidad en la titularidad refleja los distintos enfoques nacionales y locales, lo que ha dado lugar a diferencias significativas en su protección y reconocimiento dentro de los foros internacionales.

— **Dan un sentido de identidad.** Ambos son para sus titulares una forma de identificación cultural, de manera que su protección e integridad están ligadas con la preservación de las distintas culturas *per se.*

El término C.T. engloba, de manera general, el propio contenido de los conocimientos, así como las ECT, ellos se refieren al conocimiento que produce la actividad intelectual en un contexto tradicional, e incluyen las experiencias y prácticas.

Ahora bien, es de destacar que, aunque no existe una definición internacionalmente aceptada, el 24 de enero de 2025 la OMPI, publicó el documento *"Glosario de términos clave relacionados con la propiedad intelectual y los recursos genéticos, los conocimientos tradicionales y las expresiones culturales tra-*

dicionales", en dicho documento se ofrecen definiciones clave sobre los C.T. y las E.C.T., destacando su relación con el patrimonio cultural y la diversidad de formas en que se manifiestan. Según este glosario, las E.C.T., también denominadas expresiones de folclore abarcan las formas tangibles e intangibles en las que se expresan, comunican o manifiestan los conocimientos y culturas tradicionales. Entre ellas se encuentran la música, narrativas, nombres y símbolos, diseños y formas arquitectónicas. La OMPI aclara que los términos "expresiones culturales tradicionales" y "expresiones de folclore" son sinónimos intercambiables, pero que no existe consenso entre sus Estados miembros sobre su uso uniforme, lo que permite flexibilidad en la adaptación de estos conceptos en los marcos nacionales y regionales (OMPI, 2025).

Por otro lado, se señala que los C.T. aún carecen de una definición internacionalmente aceptada, pero el término se describe de manera general como el patrimonio intelectual y cultural intangible, las prácticas y los sistemas de conocimiento desarrollados y preservados por comunidades tradicionales, incluyendo comunidades indígenas y locales. En su sentido amplio, los C.T. abarcan tanto el contenido del conocimiento mismo como las expresiones culturales asociadas, mientras que, en su sentido estricto, se refieren al conocimiento derivado de la actividad intelectual en un contexto tradicional, como el conocimiento agrícola, técnico, ecológico y medicinal. Esta flexibilidad en la interpretación refleja la diversidad inherente a los C.T. y su papel central en la transmisión intergeneracional dentro de las comunidades (OMPI, 2025).

II.

MARCO NORMATIVO EXISTENTE EN MATERIA DE C.T Y E.C.T.

En esta sección se hará un resumen de la legislación internacional y nacional existente en materia de C.T y E.C.T. Esta comienza con el marco jurídico internacional, ya que en este nivel la protección legal a los C.T y E.C.T ha sido más rica, mientras que a nivel nacional la normatividad es escasa y solo se encuentran algunos principios y normas que ratifican los tratados más no los reglamentan.

2.1. MARCO JURÍDICO INTERNACIONAL

A nivel internacional se han generado marcos normativos que intentan proteger y mostrar la importancia del cuidado de los C.T. y las E.C.T., entre los que se encuentran el CDB[4] ratificado por Colombia, mediante la Ley 165 de 1994; el convenio 169 de la organización del trabajo ratificado por la Ley 21 de 1991, la Declaración de las Naciones Unidas sobre los Derechos de los Pueblos Indígenas de 2007, las Decisiones 391 de 1996 y 486 de 2000 que desarrolla parte del derecho comunitario andino y la Convención para la Salvaguardia del Patrimo-

---

4. En este convenio se incluye por primera vez el término C.T., tal como se menciono en la primera sección.

nio Cultural Inmaterial, aprobada en Colombia por la Ley 1037 de 2006.

El anterior marco normativo compromete a Colombia en: (i) la protección a la propiedad colectiva, (ii) en el respeto de las decisiones de los grupos étnicos sobre su propio desarrollo, (iii) en el cuidado de las innovaciones, usos y prácticas asociadas con el manejo sostenible de la diversidad biológica, (iv) y en la garantía de los derechos de las comunidades indígenas y locales de decidir sobre el uso de sus conocimientos (Nemogá Soto, Correa Acero, Eliana, & Lizarazo Cortes, 2006). Ahora bien, es importante mencionar de igual manera al Protocolo de Nagoya sobre acceso a los recursos genéticos y participación justa y equitativa en los beneficios que se deriven de su utilización al Convenio sobre la Diversidad Biológica y Tratado de la OMPI sobre la Propiedad Intelectual, los Recursos Genéticos y los Conocimientos Tradicionales Asociados los cuales son de gran relevancia puesto que son marcos internacionales que incluyen disposiciones acerca de la consulta previa y el requisito de divulgación, tal como se mencionará más adelante.

Estos tratados, aunque protegen tangencialmente las E.C.T., no las mencionan de forma explícita; ya que en esta materia la normatividad no es especializada, y tan solo se han elaborado propuestas de modelos normativos para la protección de las mismas. Un ejemplo de ello son las Disposiciones Tipo OMPI-UNESCO[5], que proponen un régimen sui generis para la protección de las E.C.T. En efecto, hasta el momento la regulación internacional especializada de las E.C.T continua en la etapa de debate y negociaciones el seno del Comité Intergubernamental de la OMPI sobre Propiedad Intelectual y Recursos Genéticos, Conocimientos Tradicionales y Folclore donde se está negociando un instrumento jurídico internacional para la protección

---

5. Las disposiciones son un documento académico que propone un modelo legislativo especializado en la protección de las creaciones de folclore que fue realizado por la OMPI y la UNESCO, sin embargo, este modelo nunca llego a ser transformado en un tratado internacional, ni llego a ser adoptado por un Estado.

de las ECT. Los tratados aquí citados, se refieren al tema objeto de esta monografía, en las disposiciones que señalo a continuación:

A. Convenio sobre la biodiversidad biológica (CDB)[6]

El CDB es el primer acuerdo internacional en incluir variados aspectos del manejo de la diversidad biológica de una forma integral. Uno de los mayores aportes que brinda este Convenio, es la importancia dada a las comunidades indígenas y locales en la conservación y utilización sostenible de la diversidad biológica. Conforme a este enfoque se orienta y promueve la repartición equitativa de los beneficios derivados de la utilización de los recursos genéticos y del conocimiento asociado a ellos, tal como reza artículo 8 literal j del CDB[7].

Conforme al CDB, el reconocimiento a los logros intelectuales de las comunidades indígenas y locales asociados a la biodiversidad como objeto de protección por parte del Estado, no se aplica a todos los conocimientos que provienen de las prácticas tradicionales y formas de vida de estas comunidades. Lo anterior aplica a aquellos que son relevantes para la conservación y utilización de la diversidad. En este sentido el artículo 10 literal c) del CDB, restringe la obligación de proteger y alentar la utilización consuetudinaria de los recursos biológicos[8].

Cabe anotar, que a pesar de que el tema del tratado son recursos biológicos, este se relaciona circunstancialmente con las E.C.T, en la forma cómo deben ser tratados los C.T., puesto

---

6. El CDB quedó listo para la firma el 5 de junio de 1992 en la Cumbre de la Tierra celebrada en Río de Janeiro, y entró en vigor el 29 de diciembre de 1993 y en Colombia el 26 de febrero de 1995.

7. Este artículo fue citado en la primera nota al pie.

8. El artículo 10 literal j establece que se "Protegerá y alentará,1a utilización consuetudinaria de los recursos biológicos, de conformidad con las prácticas culturales tradicionales que sean compatibles con las exigencias de la conservación o de la utilización sostenible" (subrayado y negrillas fuera de texto)

que propone pautas que por analogía podrían ser aplicadas a las E.C.T.

B.   Convenio 169 de la Organización del Trabajo (OIT)[9]

Este Convenio trata específicamente los derechos de los pueblos indígenas y tribales, incluyendo en él, el espíritu de la consulta y la participación de las comunidades indígenas en la utilización, administración y conservación de los recursos naturales existentes en sus territorios. El Convenio exige que los pueblos indígenas y tribales sean consultados, en buena fe, en relación con los temas que los afectan, especialmente en lo referente a las autorizaciones de investigación o explotación de recursos naturales en sus territorios, puesto que se admite la relación especial que tienen estos pueblos con las tierras que ocupan o utilizan y, en particular, se reconoce la faceta colectiva de esa relación. (Nemogá Soto, Correa Acero, Eliana, & Lizarazo Cortes, 2006). También reivindica la participación de manera informada, previa y libre, de estos pueblos, en los procesos de desarrollo y de formulación de políticas que los afectan, siendo un principio rector el que los pueblos indígenas puedan decidir sobre sus propias prioridades en lo que atañe a su desarrollo, tal como establece el artículo 7, numeral 1 del Convenio 169[10].

Las directrices establecidas por este Convenio no han sido implementadas completamente por la legislación colombiana, a pesar de haber sido ratificado por la Ley 21 de 1991. Instru-

---

9.   El Convenio 169 de la OIT fue desarrollado durante 1989 en Lima, hoy en día se encuentra abierto para su ratificación y hasta la fecha ha sido ratificado por 20 países (OIT, 1996-2014)

10.   Artículo 7, numeral 1 del Convenio 169: "Los pueblos interesados deberán tener el derecho de decidir sus propias prioridades en lo que atañe el proceso de desarrollo, en la medida en que éste afecte a sus vidas, creencias, instituciones y bienestar espiritual y a las tierras que ocupan o utilizan de alguna manera, y de controlar, en la medida de lo posible, su propio desarrollo económico, social y cultural.(...)".

mentos jurídicos como el Decreto 1320 de 1998 sobre consulta previa, no se refieren explícitamente a los casos de bioprospección en territorios indígenas, tan solo hacen referencia a estudios ambientales e impacto por explotación de recursos naturales (Nemogá Soto, Correa Acero, Eliana, & Lizarazo Cortes, 2006).

C. Declaración de las naciones unidas sobre los derechos de los pueblos indígenas[11]

Esta declaración pone de presente el derecho de los pueblos indígenas a vivir con dignidad, a mantener y fortalecer sus propias instituciones, culturas y tradiciones, así como su derecho a alcanzar su propio desarrollo de manera libre.

La declaración también aborda el tema de la protección a los C.T. y las E.C.T, dando un papel esencial a los derechos que han de ser reconocidos a las comunidades indígenas y a los integrantes de las mismas, tal como se evidencia en el artículo 31, numeral 1, de la misma[12].

D. Decisión 391 de 1996

La Decisión 391 de 1996 fue expedida por la Comunidad Andina de Naciones (de ahora en adelante CAN) para desarro-

---

11. La Declaración fue debatida y organizada durante más de veinte años antes de que fuera aprobada por la Asamblea General el 13 de septiembre de 2007

12. Articulo 31. 1 de la declaración de las Naciones Unidas sobre los Derechos de los Pueblos Indígenas: "Los pueblos indígenas tienen derecho a mantener, controlar, proteger y desarrollar su patrimonio cultural, sus conocimientos tradicionales, sus expresiones culturales tradicionales y las manifestaciones de sus ciencias, tecnologías y culturas, comprendidos los recursos humanos y genéticos, las semillas, las medicinas, el conocimiento de las propiedades de la fauna y la flora, las tradiciones orales, artes visuales e interpretativas. También tienen derecho a mantener, controlar, proteger y desarrollar su propiedad intelectual de dicho patrimonio cultural, sus conocimientos tradicionales y sus expresiones culturales tradicionales" (Negrillas y subrayado fuera de texto)

llar las directrices del CDB, estableciendo un régimen común de acceso a los recursos genéticos. Esta decisión reconoce el valor de los conocimientos, innovaciones y prácticas de las comunidades indígenas, afroamericanas y locales asociados a los recursos genéticos. El artículo 7 de dicha decisión, reconoce la potestad de las comunidades sobre las decisiones de sus conocimientos asociados a los recursos genéticos y sus productos derivados[13].

Además, la Decisión establece en su artículo 16[14] que para acceder a los recursos genéticos debe concertarse un *contrato de acceso*[15] entre quien desea acceder a los recursos y el Estado miembro donde los recursos están ubicados.

En la práctica, después de varios años de estar vigente la norma, la aplicación de esta forma de contrato ha sido prácticamente nula. Tal es el caso de Colombia, en donde hasta el 2006 tan solo se habían realizado dos solicitudes de contratos de acceso, una de ellas concluyo con un rechazo y la otra con una aprobación (UNCTAD-CAF-CAN, 2001).

E. Decisión 486 de 2000

La Decisión 486 de la CAN fue expedida en septiembre de 2000, y establece el marco legal de propiedad intelectual para

---

13. Articulo 8, decisión 391 de 1996: "Los Países Miembros, de conformidad con esta Decisión y su legislación nacional complementaria, reconocen y valoran los derechos y la facultad para decidir de las comunidades indígenas, afroamericanas y locales, sobre sus conocimientos, innovaciones y prácticas tradicionales asociados a los recursos genéticos y sus productos derivados".

14. Articulo 16, decisión 391 de 1996: "Todo procedimiento de acceso requerirá de la presentación, admisión, publicación y aprobación de una solicitud, de la suscripción de un contrato, de la emisión y publicación de la correspondiente Resolución y del registro declarativo de los actos vinculados con dicho acceso."

15. Decisión 391, Título I, artículo 1: "Los contratos de acceso son entre la autoridad nacional competente en representación del Estado y una persona, el cual establece los términos y condiciones para el acceso a recursos genéticos, sus productos derivados y, de ser el caso, el componente intangible asociado".

los países que la integran[16]. La Decisión contiene previsiones sobre las patentes de invención, los modelos de utilidad, marcas, lemas comerciales, marcas colectivas y de certificación e indicaciones geográficas, así como algunas normas sobre la competencia desleal vinculada a la propiedad industrial.

Esta norma protege los C.T. y por consiguiente las E.C.T en sus artículos 1, 3 y 26, en ellos se establece que los países miembros asegurarán que la protección conferida por los elementos de la propiedad industrial se concede solo en la medida en que se salvaguarden y respeten los C.T. y el patrimonio biológico y genético de sus comunidades indígenas o locales.

F. Convención para la salvaguardia del patrimonio cultural inmaterial[17]

Esta Convención reconoce la necesidad de mostrar la importancia de las manifestaciones y expresiones culturales que, hasta el momento de su expedición, no tenían un marco jurídico que las protegiera. Con esta Convención se protegen los usos, expresiones, representaciones, conocimientos y técnicas que comunidades, grupos o individuos, reconocen como parte integrante de su patrimonio cultural y a su vez obliga a los Estados parte de la Convención a adoptar las medidas necesarias para salvaguardar el patrimonio cultural inmaterial presente en su territorio, teniendo en cuenta la opinión de las comunidades, grupos o ONGs[18] pertinentes. Lo anterior de acuerdo a las secciones I y III de dicha convención. Como se verá más adelante la legislación sobre patrimonio cultural, no puede ser aplicada en la medida en que se contrapone con los objetivos de la Propiedad intelectual (P.I).

---

16.   Colombia, Venezuela, Ecuador, Perú y Bolivia.
17.   La Convención para la Salvaguardia del Patrimonio Cultural Inmaterial fue suscrita por la Conferencia General de la UNESCO en el año 2003.
18.   Organizaciones no gubernamentales

G. Protocolo de Nagoya sobre acceso a los recursos genéticos y participación justa y equitativa en los beneficios que se deriven de su utilización al convenio sobre la diversidad biológica[19]

El Protocolo de Nagoya complementa el Convenio sobre la Diversidad Biológica (CDB) su objetivo es por medio de disposiciones acerca del acceso a los recursos genéticos, generar una participación justa y equitativa en los beneficios derivados de su utilización, incluyendo los conocimientos tradicionales asociados (Blanco, 2013). Entre sus disposiciones clave se encuentra el Artículo 5, que exige que los beneficios derivados de la utilización de recursos genéticos y conocimientos tradicionales sean compartidos de manera justa y equitativa con las comunidades indígenas y locales. Asimismo, el Artículo 7 establece la obligación de obtener el consentimiento fundamentado previo de dichas comunidades antes de acceder a sus conocimientos (Secretaría del Convenio sobre la Diversidad Biológica, 2011).

En Colombia, aunque el protocolo fue suscrito, no ha sido ratificado, debido principalmente a la exigencia de realizar consultas previas con comunidades indígenas, ordenada por el Consejo de Estado en 2017 (Monsalve, 2024). Sin la implementación efectiva del Protocolo de Nagoya, Colombia enfrenta vacíos normativos y dificultades administrativas para monitorear y proteger sus recursos genéticos, lo que ha limitado su participación en negociaciones internacionales clave, como la COP16 (Monsalve, 2024).

El retraso en la ratificación del protocolo también ha dificultado la implementación de mecanismos efectivos contra la biopiratería, un problema persistente en Colombia debido a la explotación no autorizada de sus recursos genéticos. Para solucionar esto, es fundamental que el país avance en la ratifica-

---

19. El Protocolo de Nagoya se encuentra en vigor desde octubre de 2014, el Protocolo fue suscrito por Colombia el 7 de marzo de 2011, pero aún no ha sido ratificado.

ción e implemente políticas públicas que garanticen la protección del conocimiento tradicional y la participación justa de las comunidades locales en los beneficios derivados de estos recursos (Blanco, 2013).

H. Tratado de la OMPI sobre la propiedad intelectual, los recursos genéticos y los conocimientos tradicionales asociados

El 24 de mayo de 2024, la Organización Mundial de la Propiedad Intelectual (OMPI) adoptó un tratado innovador que aborda la intersección entre la propiedad intelectual, los recursos genéticos y los conocimientos tradicionales asociados (Lamprea, 2024). Este nuevo Tratado exige que los solicitantes de patentes revelen el país de origen o la fuente de los recursos genéticos utilizados, y si la invención se basa en conocimientos tradicionales, deben identificar a los pueblos indígenas o comunidades locales que proporcionaron dichos conocimientos (OlarteMoure, 2024). También establece mecanismos para rectificar omisiones en la divulgación, excepto en casos de fraude deliberado, lo que busca mejorar la transparencia y prevenir la biopiratería (Berroterán, 2024).

Colombia desempeñó un papel destacado en la promoción de este Tratado. A través de la Superintendencia de Industria y Comercio (SIC), el país impulsó, durante más de dos décadas, la creación del Comité Intergubernamental de la OMPI, el cual fue clave en la gestación del tratado (Superintendencia de Industria y Comercio, 2024). En efecto, en 1999 Colombia trajo a la mesa las inquietudes acerca de la protección de los recursos genéticos en el marco de las negociaciones de lo que finalmente se convirtió en el Tratado de Derecho Patentes en la Organización Mundial de la Propiedad Intelectual (OMPI). La delegación colombiana expresó en ese momento la preocupación existente en los países provisores de recursos genéticos, ya que en los países desarrollados se concedían patentes basadas en dichos recursos, sin verificación alguna que permitirá identificar que estos hubiesen sido obtenidos con un permiso previo gubernamental. A partir de esta intervención se estableció el Comité Intergubernamental sobre Propiedad Intelectual y Recursos Genéticos, Conocimientos Tradicionales y Folclore, el cual desde entonces se ha concentrado en estudiar y generar negociaciones entre los países miembros acerca de la interacción entre propiedad intelectual, recursos genéticos y conocimientos tradicionales.

La firma del nuevo Tratado refleja los esfuerzos durante 25 años por parte de Colombia por proteger los conocimientos ancestrales de sus comunidades indígenas y afrodescendientes, así como garantizar el acceso justo y equitativo a los beneficios derivados de la bioprospección y marca un hito histórico pues se trata del primer tratado de la OMPI que regula la relación de la propiedad intelectual con los recursos genéticos y los conocimientos tradicionales, y es el primero que incluye disposiciones específicas para los Pueblos Indígenas y las comunidades locales.

Sin embargo, expertos han señalado que el alcance del tratado podría ser limitado debido a su aplicación exclusiva a secuencias genéticas (ADN y ARN) y la exclusión de otros materiales biológicos, como metabolitos secundarios o compuestos químicos, lo que podría dejar ciertos conocimientos tradicionales desprotegidos (Berroterán, 2024). Igualmente, se ha criticado que el tratado tampoco exige que los solicitantes de patentes obtengan el consentimiento previo fundamentado de las comunidades indígenas y locales ni el consentimiento del país de origen de los recursos genéticos. Ni tampoco requiere una prueba de distribución justa y equitativa de los beneficios a los proveedores, lo que incrementa el riesgo de que estos conocimientos tradicionales queden desprotegidos (Lee, 2024).

En este contexto, también se ha señalado una posible contradicción entre el nuevo Tratado de la OMPI y la Decisión Andina 486, vigente desde el año 2000. En efecto, de acuerdo con el artículo 26.h de dicha Decisión, cuando una solicitud de patente es presentada ante la oficina nacional competente de alguno de los países miembros de la Comunidad Andina y la invención sobre la cual se solicita la patente ha sido obtenida o desarrollada a partir de recursos genéticos o de sus productos derivados[20], el solicitante debe presentar una copia del contrato acceso por medio del cual accedió a dichos recursos Igualmente, el articulo 26.i de dicha Decisión establece que para obtener una patente en la solicitud respecto de las invenciones obtenidas o desarrolladas a partir de conocimientos tradicionales asociados a los recursos genéticos se debe presentar licencia o autorización que la autorización brindada por la comunidad indígena o local titular de esos conocimientos (Tamayo, 2024).

Ahora bien, frente al incumplimiento de estas obligaciones la Decisión Andina establece en su artículo 39 que la oficina nacional competente permitirá al solicitante subsanar la omisión de los documentos antes mencionados, y que, de no hacerlo, la solicitud se considerará abandonada. Más aún, el articulo 75.h señala que, si la patente ya fue concedida y si se determina que no se presentó el contrato de acceso o la autorización de la comunidad indígena o local respectiva, esta será objeto de nulidad (Tamayo, 2024).

El nuevo Tratado de la OMPI, por su parte, en el artículo 5 establece las sanciones y recursos disponibles frente al incumplimiento de los requisitos de divulgación, habilitando a las Partes Contratantes a implementar las medidas que estas estimen pertinentes cuando el solicitante de una patente incumpla. No obstante, si la patente ya ha sido concedida, los países se encuentran facultados a establecer sanciones contra el titular de la patente si hubiese existido una intención fraudulenta de por medio, sin embargo, se establece que en ningún caso las sanciones podrán implicar la revocación o anulación de la patente o la inaplicación de los derechos que esta confiere.

Por lo tanto, la Decisión 486 no solo es más estricta en cuanto a la obtención del consentimiento previo y la documen-

---

20. Los productos derivados de los recursos genéticos han sido definidos como compuestos bioquímicos naturalmente producidos por la expresión genética de dichos recursos

tación requerida para la obtención de la patente, puesto que extiende su protección a productos derivados de los recursos genéticos y permite declarar la nulidad de la patente en caso de incumplimiento del requisito de divulgación. En cambio, el Tratado de la OMPI no incluye esta medida y explícitamente prohíbe la revocación. Esta diferencia podría generar tensiones en la implementación del nuevo tratado internacional dentro de la región Andina, donde los países deben garantizar la protección de sus marcos legales nacionales sin debilitar la salvaguarda de los recursos genéticos y los conocimientos tradicionales. También podría impulsar la modificación de la Decisión 486, como algunos expertos han sugerido (Tamayo, 2024).

Finalmente, aunque la firma del tratado constituye un hito histórico tal como se explicó anteriormente, la implementación efectiva del tratado dependerá de la adopción de medidas nacionales específicas como por ejemplo el establecimiento de sistemas de información o bases de datos de recursos genéticos y conocimientos tradicionales asociados a los recursos genéticos, en consulta, para que estos puedan ser analizados por las oficinas de patentes a los fines de la búsqueda y el examen relativo a las solicitudes de patente. Igualmente, es de anotar que el tratado solo entrará en vigor tres meses después de que 15 Partes que reúnan las condiciones necesarias hayan depositado su instrumento de ratificación o de adhesión.

2.2. MARCO JURÍDICO NACIONAL

En Colombia, el marco jurídico para la protección y preservación de los C.T. y las E.C.T. carece de un desarrollo especializado. Aunque existen normas, planes de política pública y decisiones jurisprudenciales que brindan cierto grado de protección, estos se aplican de manera analógica y no abordan de forma directa ni específica la problemática inherente a los C.T. ni los desafíos propios de los C.T., especialmente aquellos no relacionados con recursos genéticos, ni de las E.C.T. No obstante, su interpretación y aplicación han sido fundamentales para sentar las bases de un marco normativo en construcción.

En este capítulo, se presentan algunas de las normas, jurisprudencia y planes más relevantes que, desde la perspectiva del autor, han contribuido a configurar un sistema de protección indirecta para los C.T. y E.C.T. Al final, se ofrecerá una reflexión sobre las limitaciones del enfoque basado en el patrimonio cultural y cómo la propiedad intelectual proporciona una aproximación para su protección que trasciende la mera conservación.

A. Normativa colombiana

En primer lugar, se encuentran los artículos 7 y 8 de la Constitución Nacional[21], los cuales estipulan principios que reconocen y protegen la diversidad cultural, pero no establecen procedimientos, ni un desarrollo legal practico para este marco constitucional.

También podemos encontrar el artículo 187 de la Ley 23 de 1982[22], que dispone que las obras folclóricas y tradicionales son de dominio público; de igual forma el artículo 189 [23] de la Ley anteriormente mencionada pregona que el arte indígena, en todas sus manifestaciones, inclusive, danzas, canto, artesanías, dibujos y esculturas pertenece al patrimonio cultural. Ahora bien, el patrimonio cultural está regulado por la Ley

---

21.   Constitución Nacional de 1991: "Artículo 7. El Estado reconoce y protege la diversidad étnica y cultural de la Nación colombiana.

Artículo 8. Es obligación del Estado y de las personas proteger las riquezas culturales y naturales de la Nación."

22.   Artículo 187, Ley 23 de 1982:."Pertenecen al dominio público: 1Las obras cuyo período de protección esté agotado; 2.Las obras folclóricas y tradicionales de autores desconocidos. 3. Las obras cuyos autores hayan renunciado a sus derechos, y 4. Las obras extranjeras que no gocen de protección en la República.

23.   Artículo 189°, Ley 23 de 1982: "El arte indígena, en todas sus manifestaciones, inclusive, danzas, canto, artesanías, dibujos y esculturas pertenece al patrimonio cultural".

1185 de 2008, el Decreto Nacional 763 de 2009 y la Convención para la Salvaguardia del Patrimonio Cultural Inmaterial, los cuales junto con las Resoluciones del Ministerio de Cultura 330 y 983 de 2010, establecen un régimen especial de protección, circulación, sostenibilidad e impulso para los bienes del patrimonio cultural de la Nación que sean declarados como bienes de interés cultural en el caso de bienes materiales y para las manifestaciones identificadas como Patrimonio Cultural Inmaterial.

Por otro lado, a nivel nacional se debe resaltar Decreto 1080 de 2015, pues constituye una norma integral en el ámbito cultural que establece disposiciones relevantes para la gestión, preservación y salvaguardia del patrimonio cultural inmaterial en Colombia. Este Decreto reconoce la importancia de los C.T. y E.C.T. al definirlos como componentes esenciales del patrimonio cultural y al ofrecer mecanismos para su protección. Ahora bien, el Decreto en su artículo 2.5.2.4 establece los temas de alcance de la Lista Representativa de Patrimonio Cultural Inmaterial (LRPCI), donde se listan las manifestaciones relacionadas con el conocimiento tradicional sobre la naturaleza y el universo, la medicina tradicional, la producción artesanal, y las técnicas y tradiciones asociadas a la fabricación de objetos artesanales, entre otras. Este reconocimiento es fundamental, ya que permite registrar oficialmente los conocimientos y prácticas culturales de las comunidades como bienes del patrimonio cultural con el objetivo de aplicar planes especiales de salvaguardia a las manifestaciones que ingresen en dicha lista. Estos planes se encuentran especificados en el Artículo 2.5.2.11 del Decreto en donde se dispone que cuando las manifestaciones involucren conocimientos relacionados con la biodiversidad o la medicina tradicional, se deben realizar consultas específicas con entidades especializadas para garantizar un manejo respetuoso y coordinado, reduciendo así los riesgos de explotación no autorizada, lo cual hace eco a lo estipulado en la Decisión Andina 486. Además, el Artículo 2.5.1.1 refuerza el marco conceptual al definir el patrimonio cultural inmaterial como un conjunto de prácticas, representaciones y conocimientos reconocidos por las comunidades como parte integral de su identidad. Este enfoque facilita que los CT y ECT sean vistos como recursos culturales vitales y les otorga un respaldo jurídico que permite su desarrollo sostenible.

El Decreto también incorpora un componente clave de protección mediante la propiedad intelectual colectiva, como lo establece el Artículo 2.5.7.1.1.2, en el contexto de la producción del Viche/Biche, una bebida tradicional del Pacífico colombiano. Este artículo establece específicamente que:

> *"El Ministerio de las Culturas, las Artes y los Saberes, en articulación con las entidades competentes en la materia, en el marco de sus funciones y disponibilidad presupuestal dispondrán de los esfuerzos humanos, técnicos y financieros para que el uso de la propiedad intelectual en la producción de Viche/Biche en cabeza de los productores y transformadores de que trata el artículo 2 de la ley 2158 de 2021, y sus conocimientos tradicionales y expresiones culturales tradicionales asociadas, profundicen en la protección y salvaguardia de la identidad, del territorio y del patrimonio cultural inmaterial de las Comunidades Negras de los territorios colectivos del Pacífico colombiano.*
>
> *Las entidades del Gobierno Nacional en el marco de sus competencias encargadas de implementar el presente decreto asegurarán en todas sus actuaciones, la protección diferencial asociada a la producción del viche/biche, en tanto colectiva, étnica y vinculada a derechos constitucionales como la identidad y la integridad cultural, procurando la prevención de riesgos de asimilación forzada o de alteración de los modos de producción y formas económicas tradicionales. Se implementarán acciones para la promoción, la capacitación y gestión de **propiedad intelectual** dirigidas a consolidar una cultura de protección colectiva.*
>
> *El Ministerio de las Culturas, las Artes y los Saberes, junto con la Superintendencia de Industria y Comercio, la Dirección Nacional de Derecho de Autor y el Instituto Colombiano Agropecuario, capacitarán, fomentarán y promoverán la protección de **la propiedad intelectual colectiva**, la identidad y la integridad cultural asociada al Viche/Biche; con el objetivo de salvaguardar los*

saberes y tradiciones asociados al Viche/Biche del Pacífico y su relación con el territorio, así como para asegurar el desarrollo sostenible y sustentable de las Comunidades Negras del Pacífico colombiano promueve la gestión de la propiedad intelectual colectiva, la capacitación de las comunidades productoras, y el fortalecimiento de su identidad cultural, protegiéndolas contra usos indebidos y asegurando beneficios para los portadores de estos conocimientos".(Negrillas y subrayado fuera de texto)

El Artículo 2.5.7.1.1.2 del Decreto 1080 de 2015 es un avance normativo significativo en la protección de los conocimientos tradicionales, al reconocer el papel de la propiedad intelectual colectiva en la salvaguardia de la identidad cultural de las comunidades negras del Pacífico colombiano y a su vez, al establecer acciones de promoción, capacitación y gestión, promueve que los saberes asociados a la producción del Viche/Biche sean protegidos contra la asimilación forzada y el uso indebido, fortaleciendo su desarrollo sostenible.

Ahora bien, uno de los avances más significativos en los últimos años es la Ley 2158 de 2021 (Ley del Viche/Biche) y su Decreto reglamentario 1456 de 2024, los cuales reconocen al Viche/Biche como una bebida ancestral y patrimonio colectivo de las comunidades negras del Pacífico colombiano. El Decreto establece acciones para su protección y desarrollo, como la elaboración de un Plan Especial de Salvaguardia (PES), la creación de un portafolio de servicios, capacitaciones en propiedad intelectual y requisitos específicos para la acreditación de productores tradicionales.

El artículo 2.5.7.1.1.2 del Decreto aborda la protección de la propiedad intelectual del Viche/Biche, en cabeza de los productores y transformadores territorios del Pacífico colombiano con vocación vichera. Las entidades del gobierno deberán asegurar una protección diferencial que evite la asimilación forzada o la alteración de las formas de producción tradicionales. Sin embargo, su enfoque es genérico, ya que no define instrumentos específicos a implementar ni aborda mecanismos de balance entre la naturaleza colectiva de los conocimientos tradicionales y los instrumentos de propiedad intelectual.

A su vez, para ser acreditados, los productores deben estar ubicados en territorios del Pacífico colombiano, utilizar caña cultivada conforme a las prácticas ancestrales y presentar certificación del Consejo Comunitario. También se establece un registro sanitario artesanal étnico adaptado a las condiciones de las comunidades, garantizando el derecho a la igualdad y a la protección de sus prácticas. El Ministerio de las Culturas, junto con la Superintendencia de Industria y Comercio y otras entidades, liderará capacitaciones y fomentará la protección de la propiedad intelectual colectiva, asegurando que el Viche/Biche se mantenga como símbolo de identidad cultural y desarrollo sostenible. En conjunto con el Comité Interinstitucional, se implementará un portafolio de servicios y el Plan Especial de Salvaguardia para proteger el ecosistema cultural del Viche.

Esta normativa representa un avance crucial para el reconocimiento del Viche/Biche, pero su implementación debe garantizar que las disposiciones sean efectivas en proteger los conocimientos colectivos, evitando riesgos para su integridad cultural y asegurando su sostenibilidad en beneficio de las comunidades del Pacífico.

Adicionalmente, cabe mencionar el Plan Nacional de Cultura 2024-2038, "Cultura para el cuidado de la diversidad de la vida, el territorio y la paz", el cual fue publicado en marzo de 2024 y establece es una hoja de ruta para elaborar políticas públicas en Colombia con un enfoque holístico, sistémico y complejo, en el que sea fundamental el desarrollo humano y

el desarrollo sostenible para el cuidado de la diversidad de la vida, la protección y promoción del patrimonio cultural (Ministerio de las Culturas, las Artes y los Saberes República de Colombia, 2024). Aunque dicho plan es un instrumento principalmente de derecho blando, este destaca la necesidad de salvaguardar los conocimientos tradicionales especialmente relacionados con la biodiversidad y se propone, entre otros, fortalecer las capacidades locales para la gestión del patrimonio inmaterial y crear programas de transmisión intergeneracional que aseguren la continuidad de los C.T. y E.C.T. en los territorios rurales e indígenas.

En este sentido, el plan subraya la importancia de promover procesos intersectoriales para la formación en patrimonio cultural respecto a archivo y gestión documental, salvaguardia, protección y divulgación, propiedad intelectual y derechos de autor. Esto busca asegurar que los agentes culturales, incluidos los portadores de conocimientos tradicionales, estén capacitados para utilizar de manera efectiva los mecanismos legales disponibles para proteger sus saberes (Ministerio de las Culturas, las Artes y los Saberes República de Colombia, 2024).

El plan también identifica el desconocimiento y la falta de asesoría técnica articulada con otras entidades, como la Dirección Nacional de Derecho de Autor, en lo referente a la protección de la propiedad intelectual y los derechos de autor. Esta carencia ha limitado a los agentes culturales y comunidades locales en su capacidad para proteger y gestionar sus conocimientos tradicionales de manera efectiva (Plan Nacional de Cultura, 2024-2038). Para abordar este desafío, se proponen estrategias como la formulación de un marco legislativo adaptado a las creaciones colectivas y plataformas colaborativas y la implementación de agendas intersectoriales que incentiven la gestión de los derechos de autor y la propiedad intelectual, promoviendo una remuneración justa y la sostenibilidad económica de las comunidades.

Un aspecto clave que aborda el plan es la previsión del impacto que pueden tener los sistemas de inteligencia artificial (IA) en la propiedad intelectual y el patrimonio cultural. Se destaca la necesidad de promover espacios e instrumentos de política pública intersectoriales que permitan anticipar las repercusiones y atenuar los riesgos e impactos de los sistemas de inteligencia artificial en la diversidad, el patrimonio cultural y la propiedad intelectual de las expresiones culturales tradicionales (Ministerio de las Culturas, las Artes y los Saberes República de Colombia, 2024). Este punto es especialmente relevante para la protección de los conocimientos tradicionales porque la IA plantea riesgos significativos, como la apropiación indebida de los CT o su reproducción y modificación sin control.

Finalmente, el plan propone la reglamentación de una categoría especial de propiedad intelectual para las especialidades tradicionales garantizadas, reconociendo así la necesidad de una protección adaptada a las particularidades de los conocimientos tradicionales (Ministerio de las Culturas, las Artes y los Saberes República de Colombia, 2024). Este reconocimiento legal busca proteger tanto la autenticidad como la integridad de los saberes tradicionales, previniendo su deformación o explotación indebida.

B. Jurisprudencia

i. *Sentencia T-477 de 2012, Magistrado Ponente, Adriana María Guillén Arango*

La Sentencia T-477 de 2012 de la Corte Constitucional es un referente importante en la protección de los C.T. en el marco del régimen de propiedad intelectual. Este caso surgió cuando la Organización Nacional Indígena de Colombia (ONIC) interpuso una acción de tutela contra la Superintendencia de Industria y Comercio (SIC) por haber otorgado el registro de las marcas mixtas "Coca Indígena" y "Coca Zagradha" a un particular, sin realizar la consulta previa ni obtener el consentimiento de las comunidades indígenas. La tutela argumentó que el registro de estas marcas vulneraba el derecho a la identidad cultural, la propiedad colectiva y el conocimiento tradicional asociado a la hoja de coca. Según los demandantes, las marcas hacían uso de símbolos y denominaciones tradicionales, como la palabra "coca" y el símbolo de la espiral, representativo de varias comunidades indígenas, lo que constituía una apropiación y explotación no autorizada de su patrimonio cultural.

La Corte destacó que los conocimientos tradicionales forman parte del derecho fundamental a la identidad cultural y que su protección está garantizada tanto por la Constitución colombiana como por instrumentos internacionales y regionales. Entre ellos, el Convenio sobre la Diversidad Biológica y la Decisión Andina 486, los cuales establecen la necesidad de respetar, preservar y mantener estos conocimientos, así como obtener el consentimiento de las comunidades antes de su uso comercial. De acuerdo con la Corte:

> *"El conocimiento tradicional es parte del derecho fundamental a la identidad cultural de la comunidad indígena y, por ende, ha de ser protegido ante cualquier tipo de vulneración".* (Corte Constitucional, MP: Adriana María Guillén Arango, 2012)

En particular, el literal g) del artículo 136 de la Decisión Andina 486 establece que no podrán registrarse como marcas los signos cuyo uso afecte indebidamente los derechos de las comunidades indígenas, salvo que exista consentimiento expreso de estas. La Corte concluyó que este principio fue violado al otorgar el registro sin el cumplimiento de los procedimientos de protección previstos en dicha normativa.

Asimismo, la Corte subrayó que los conocimientos tradicionales no se ajustan fácilmente al régimen ordinario de la propiedad intelectual debido a su naturaleza colectiva y su desarrollo intergeneracional. Por ello, reiteró la necesidad de implementar un régimen sui generis que permita proteger estos conocimientos de manera adecuada y evitar su explotación por terceros sin autorización. En este sentido, señaló:

> *"resalta la Sala la falta de regulación específica de la propiedad intelectual de los conocimientos tradicionales de las comunidades étnicas. Lo que no quiere decir que sea un tema nuevo o ajeno a la realidad mundial, sino que en virtud de las características propias de dicho conocimiento se presentan dificultades de adaptación al sistema jurídico ordinario de la propiedad intelectual evidenciándose de esta forma la necesidad de crear un sistema sui géneris."* (Corte Constitucional, MP: Adriana María Guillén Arango, 2012)

La Corte concluyó que el registro de las marcas "Coca Indígena" y "Coca Zagradha" vulneraba el derecho a la identidad cultural de las comunidades indígenas porque inducía a error al consumidor, al generar la impresión de que los productos estaban avalados por dichas comunidades. Esto constituía una usurpación del conocimiento tradicional y su explotación comercial no autorizada.

Para remediar esta situación, la Corte adoptó varias medidas. En primer lugar, ordenó la suspensión del registro de la marca "Coca Indígena" hasta que se resolviera la demanda de nulidad ante la jurisdicción contenciosa administrativa. En segundo lugar, ordenó a la SIC que ejecutara acciones preventivas para evitar el uso indebido de conocimientos tradicionales en futuros registros de marcas. Por último, prohibió al beneficiario del registro, Héctor Alfonso Bernal Sánchez, la explotación comercial no autorizada del conocimiento tradicional indígena relacionado con la hoja de coca.

En conclusión, la Sentencia T-477 de 2012 sentó un importante precedente al reconocer la necesidad de proteger los conocimientos tradicionales en el marco del derecho a la identidad cultural y la propiedad colectiva. La decisión también subrayó la insuficiencia del régimen ordinario de propiedad intelectual para proteger estos conocimientos y la importancia de implementar un régimen legal especial que respete su naturaleza colectiva y su vínculo con la identidad de las comunidades indígenas.

ii. *Sentencia T-993/12, Magistrado Ponente, María Victoria Calle Correa*

La Sentencia T-993 de 2012 de la Corte Constitucional aborda la vulneración del derecho a la consulta previa de la comunidad indígena La Luisa del Pueblo Pijao, asentada en la vereda La Luisa, en el municipio del Guamo, Tolima. El caso surge debido a la omisión de la consulta previa en la construcción de la variante El Guamo de la vía Panamericana, proyecto que afectaba su territorio ancestral y su patrimonio cultural. La acción de tutela fue interpuesta contra el Instituto Nacional de Concesiones (INCO) y otras entidades, solicitando la suspensión del proyecto y la adopción de medidas compensatorias. Las entidades involucradas argumentaron que, al momento de otorgar la licencia ambiental en 2008 mediante la Resolución 1517 de 2008, no existía evidencia formal de la presencia de comunidades indígenas en el área de influencia del proyecto. Sin embargo, la Corte encontró pruebas contundentes que demostraban la presencia de la comunidad desde antes de la expedición de la licencia, como lo indicó el Plan de Desarrollo del Municipio del Guamo 2008-2011, donde se afirmaba que la comunidad La Luisa estaba en proceso de reconocimiento jurídico por parte del Ministerio del Interior. Este reconocimiento se formalizó en 2010, pero la Corte concluyó que la consulta previa debía haberse realizado con base en su presencia material en el territorio.

La Corte enfatizó que la consulta previa es un derecho fundamental establecido en el Convenio 169 de la OIT y en la Constitución Política. Este derecho no puede estar condicionado a la existencia de un reconocimiento formal, ya que su fundamento radica en la presencia física de la comunidad en el territorio. En palabras de la Corte:

> *"Es la presencia física de las comunidades étnicas en la zona de influencia, y no su constitución formal como resguardo o consejo comunitario, la que determina la obligación de la consulta previa"* (Corte Constitucional, MP:María Victoria Calle Correa, 2012).

La Corte también destacó que los conocimientos tradicionales de las comunidades indígenas están estrechamente vinculados al territorio y a su cosmovisión, por lo que la consulta previa es esencial para proteger estos saberes y evitar la afectación de su patrimonio cultural. Este vínculo ha sido ampliamente estudiado y se expresa en la forma en que las comunidades integran el conocimiento de los recursos naturales en sus prácticas de vida. De acuerdo con el análisis del Instituto Humboldt, citado por la Corte:

> *"No se puede separar el pensamiento y la tradición y el dominio que tiene la comunidad sobre un recurso biológico, del recurso mismo. Por ejemplo, no es fácil separar la yuca, como un recurso vital para los Sikuani, de su saber y su propia historia, ni se podrían escindir los conocimientos que los campesinos de los Andes tienen sobre el cultivo de variedades de papa, maíz y hortalizas, de su vida cultural y de sus tradiciones"* (Corte Constitucional, MP:María Victoria Calle Correa, 2012).

De esta manera, la Corte resalta el carácter holístico de la cosmovisión de las comunidades indígenas y lo toma como punto de partida para asumir una decisión favorable a los intereses de la comunidad, garantizando la consulta previa. En efecto, a través de la protección del territorio se protege también el conocimiento tradicional (Muñoz Rojas & Giraldo Builes, 2019), ya que el entorno no es visto como un elemento aislado, sino como parte del proceso de transmisión intergeneracional del conocimiento y de la identidad cultural.

Esta relación profunda entre los conocimientos tradicionales y el territorio subraya la importancia de proteger ambos elementos como un legado intergeneracional. Para la Corte, la consulta previa no solo es un mecanismo de participación, sino una herramienta esencial para proteger la identidad cultural y la sostenibilidad del conocimiento ancestral.

En cuanto a la resolución del caso, la Corte determinó que la omisión de la consulta previa vulneró los derechos fundamentales de la comunidad indígena La Luisa del pueblo Pijao, incluyendo su derecho a la identidad cultural, su autonomía y su propiedad colectiva sobre el territorio. Por esta razón, la Corte ordenó:

— La suspensión temporal de las obras mientras se realizaba la consulta previa.

— La vinculación inmediata de la comunidad indígena al proceso de consulta dentro de las 48 horas siguientes a la notificación de la sentencia.

— El acompañamiento del Ministerio del Interior para garantizar que el proceso de consulta se realizara de manera efectiva.

En conclusión, la Sentencia T-993 de 2012 establece un precedente fundamental para garantizar que los proyectos de infraestructura no afecten los derechos culturales y territoriales de las comunidades indígenas. La consulta previa no solo es un requisito formal, sino un proceso que permite proteger su conocimiento tradicional, su identidad cultural y su sostenibilidad como comunidad.

iii. Sentencia C-111/17, Magistrado Ponente, Luis Guillermo Guerrero Pérez

En el marco de la acción pública de inconstitucionalidad consagrada en el artículo 241 de la Constitución, las ciudadanas Yamile Sánchez Camacho y Luz Perla Sánchez Ortiz presentaron una demanda contra el artículo 2 de la Ley 993 de 2005, puesto que la norma según su interpretación la norma transgredía los principios de laicidad, pluralismo y neutralidad religiosa del Estado. Dicho artículo autoriza al Gobierno Nacional, a través del Ministerio de Cultura, a contribuir al fomento, promoción, protección, conservación, divulgación y financiación de las fiestas patronales de San Francisco de Asís en Quibdó.

Las accionantes consideraban que el artículo 2 de la Ley 993 de 2005 vulneraba los artículos 1, 7 y 19 de la Constitución. El primer lugar, argumentaron que la norma contraría el principio de neutralidad del Estado en materia religiosa, al permitir la apropiación de recursos del Presupuesto General para una festividad de carácter religioso, lo cual implicaba una adhesión simbólica y material a la religión católica, violando el principio de igualdad entre confesiones. En segundo lugar, arguyeron la falta de un componente secular verificable en las fiestas, lo que comprometía el deber del Estado de preservar la diversidad y el pluralismo sin imponer actos religiosos a la población.

La Corte en su análisis reconoció la importancia del patrimonio cultural de la Nación y el deber del Estado de protegerlo, según los artículos 8, 70 y 72 de la Constitución. En tal sentido, la sentencia destaca que las fiestas patronales de San Francisco de Asís son un patrimonio cultural inmaterial reconocido por la UNESCO, cuya importancia trasciende su origen religioso al integrar manifestaciones sociales, artísticas y económicas propias de la comunidad afrocolombiana. La Corte establece de dicha manera que, aunque las fiestas tienen un componente religioso, su naturaleza secular y su función como elemento de cohesión social justifican la intervención estatal.

Es así como la Corte declara exequible el artículo 2 de la Ley 993 de 2005, al considerar que la norma no establece una adhesión del Estado a la religión católica ni promueve un trato preferencial hacia esta confesión. Por el contrario, su objetivo es salvaguardar el patrimonio cultural de la Nación y fomentar la participación cultural de la comunidad afrocolombiana. La Corte concluye que la norma contribuye al pluralismo y la diversidad cultural sin vulnerar el principio de neutralidad religiosa, garantizando la continuidad de una expresión cultural representativa y significativa para el país (Corte Constitucional, MP: Luis Guillermo Guerrero Pérez, 2017).

La sentencia tiene una importancia fundamental para la protección de los conocimientos tradicionales, dado que refuerza el papel del Estado en la salvaguardia del patrimonio cultural inmaterial, incluyendo manifestaciones que integran tradiciones y saberes ancestrales. En este sentido, la protección de las fiestas patronales de San Francisco de Asís implica también la preservación de E.C.T. como por ejemplo los alabaos, las comparsas y otras expresiones culturales tradicionales. Como establece la corte frente a las las fiestas patronales de San Francisco de Asís:

«Este universo de representaciones, usos, expresiones y conocimientos se ha transmitido de generación en generación [...] este

cambio condujo a disminuir paulatinamente la influencia católica, a favor del esquema actual similar al de un carnaval, con formas teatrales, disfraces, comparsas, bailes y música, y con amplios espacios sociales para plantear los problemas que afectan a la población afrocolombiana» (Corte Constitucional, MP: Luis Guillermo Guerrero Pérez, 2017).

No obstante, cabe destacar una crítica relevante expuesta por otros autores, según la cual la sentencia C-111 de 2017 condiciona dicha protección bajo la figura de patrimonio a que esta contribuya al desarrollo sostenible. Este enfoque puede interpretarse como una limitación, ya que, si bien se pretende proteger los conocimientos tradicionales, se desconoce su valor intrínseco al subordinar su protección a su utilidad o funcionalidad en términos económicos o ambientales (Muñoz Rojas & Giraldo Builes, 2019). Este planteamiento genera tensiones, ya que podría limitar la protección de los C.T. a su aporte a ciertos objetivos, ignorando su significado cultural esencial y su rol en la identidad de las comunidades.

iv. *Sentencia C-480/19, Magistrado Ponente, Alberto Rojas Ríos*

En la sentencia C-480 de 2019, los ciudadanos Audrey Karina Mena Mosquera y Juan Sebastián Cárdenas Londoño presentaron una demanda de inconstitucionalidad contra el parágrafo del artículo 7 de la Ley 1816 de 2016, argumentando que esta disposición excluía injustificadamente a las comunidades negras, palenqueras y raizales de la autorización para producir bebidas alcohólicas tradicionales, ancestrales y medicinales. Según los demandantes, esta exclusión desconocía los principios de igualdad, diversidad cultural y protección de la identidad consagrados en los artículos 7, 13 y 70 de la Constitución. La norma cuestionada permitía únicamente a los cabildos indígenas y sus asociaciones continuar con la producción de dichas bebidas, lo cual, según los actores, constituía una omisión legislativa relativa al no incluir a las comunidades afrocolombianas, pese a que estas poseen prácticas culturales y medicinales equivalentes.

Los argumentos de la demanda se centraron en señalar que la exclusión de las comunidades afrocolombianas vulneraba el derecho a la igualdad, dado que "*las colectividades negras, raizales y palenqueras comparten aspectos de identidad y diversidad cultural similares que tienen los sujetos destinatarios del parágrafo del artículo 7° de la Ley 1816 de 2016*" (Corte constitucional, M.P., Alberto Rojas Ríos, 2019). Esta situación, según los actores, generaba un trato discriminatorio injustificado. Se afirmó que esta omisión impedía el desarrollo de tradiciones ancestrales, especialmente en la producción de bebidas tradicionales con fines medicinales y espirituales, como el viche, que es utilizado en prácticas tradicionales para tratar dolencias y forma parte del patrimonio cultural de estas comunidades.

En sus consideraciones, la Corte Constitucional sostuvo que la exclusión de las comunidades negras, raizales y palenqueras constituía una omisión legislativa relativa, ya que no se ofreció una justificación suficiente por parte del legislador para la exclusión. La Corte destacó que "el viche/biche es un ejemplo de ese tipo de licores ancestrales y tradicionales, dado que tiene un significado cultural y es usado para la medicina tradicional". Esta bebida es fundamental dentro del conocimiento médico local y su producción está intrínsecamente ligada a la cosmovisión y prácticas culturales de las comunidades afrocolombianas. Se resaltó que esta omisión perpetuaba la invisibilización histórica de estas comunidades y contradecía el deber constitucional de proteger la diversidad étnica y cultural.

La decisión final de la Corte fue declarar exequibles las expresiones "cabildos indígenas" y "asociaciones de cabildos indígenas" contenidas en el parágrafo del artículo 7 de la Ley 1816 de 2016, bajo el entendido de que estas también incluyen a los consejos comunitarios de comunidades negras, palenqueras y raizales. De esta forma, se corrigió la omisión legislativa y se extendieron los beneficios previstos en la norma a estas comunidades, garantizando así su derecho a participar en la producción de bebidas tradicionales y ancestrales, esenciales para su identidad cultural y medicina tradicional.

Esta sentencia tiene una relevancia significativa para la protección de los C.T. y las expresiones culturales tradicionales E.C.T. en Colombia, ya que establece un precedente clave en la protección de las prácticas culturales afrocolombianas, el cual daría lugar posteriormente a la Ley 2158 de 2021 (Ley del Viche/Biche). La Corte reconoció que estas comunidades, al igual que los pueblos indígenas, poseen prácticas ancestrales que deben ser protegidas constitucionalmente. Al incluir al viche como parte del patrimonio cultural y de los CT y ECT, la Corte reafirma el compromiso del Estado de garantizar que estos conocimientos no sean excluidos o marginados, permitiendo así su preservación, desarrollo y protección ante posibles vulneraciones legales.

C.   Entre la conservación y la protección

Las normas y marcos jurídicos mencionadas anteriormente tienen como leitmotiv el patrimonio cultural, no obstante, la protección de los C.T. y las E.C.T a partir de dicha perspectiva parte desde una visión netamente conservacionista, más no proteccionista. El matiz reside en que la conservación tan solo apunta a que no desaparezca la tradición, a través del impulso a la viabilidad dinámica del legado y se dirige a establecer programas que permitan transmitir el conocimiento de una generación a otra, sin adjudicarle dicho conocimiento a un grupo de personas en particular, sino que se reconoce como conocimiento de dominio público. En cambio, cuando se habla de una finalidad proteccionista los objetivos van más allá de la simple conservación, se apunta a mantenerlos y fomentarlos impidiendo usos indebidos por personas ajenas a la práctica de la tradición.

El matiz anteriormente planteado describe la principal diferencia que existe entre la normatividad de la P.I. y de Patrimonio Cultural, tal como ha dicho la OMPI:

*"En el contexto de la P.I., por "protección" de CC.TT. o ECT se entiende la protección de tales recursos contra su utilización o apropiación indebidas, como puedan ser la copia, la adaptación o la utilización no autorizada por parte de terceros. El objetivo de la protección es, en suma, asegurar que la innovación y la creatividad intelectuales inherentes a los CC.TT. o a las ECT no se utilicen de manera indebida. La protección por P.I. puede implicar el reconocimiento y el ejercicio **de derechos exclusivos**, esto es, impedir a terceros ciertos usos de los CC.TT. o las ECT. La protección por P.I. puede también incluir formas libres de protección, como los derechos morales, los esquemas de compensación equitativa y la protección contra la competencia desleal.*

Así, no es lo mismo "protección" que "preservación" o "salvaguardia", consistentes en la determinación, catalogación, transmisión, revitalización y fomento del patrimonio cultural a fin de asegurar su mantenimiento y viabilidad. El objetivo, en el caso de la protección, es asegurar que los CC.TT. o las ECT no desaparezcan, sino que se mantengan y fomenten." (Negrillas y subrayado fuera de texto) (OMPI, Organización Mundial de la Propiedad Intelectual, s.f.)

La OMPI, al diferenciar entre la protección y la conservación de los conocimientos tradicionales, subraya la importancia de adoptar marcos normativos especializados que trasciendan la simple preservación. Este enfoque es particularmente relevante en el contexto colombiano, donde, como se ha analizado, la normatividad vigente, aunque ha ratificado instrumentos internacionales como el CDB y la Decisión 486, todavía presenta vacíos significativos en la protección efectiva contra la apropiación indebida. La falta de un sistema normativo integral, como lo indica la limitada implementación de la Decisión 391 sobre contratos de acceso, resalta la necesidad de adoptar mecanismos de propiedad intelectual más adaptados y específicos.

No obstante, cabe mencionar que no pocos autores colombianos[24] han señalado que la legislación de la P.I. actual no parece armónica frente a la protección de los C.T y las E.C.T., puesto que son considerados como productos de domino público que pueden ser introducidos al mercado despreocupadamente, sin tener en cuenta los ideales culturales que ellos representan, o en palabras de Carlos Correa:

> *"La figura de los derechos de P.I. en principio no es aplicable a los C.T. pues existe una incompatibilidad esencial entre los conceptos de los DPI occidentales y las prácticas y las culturas de las comunidades indígenas y locales. En consecuencia, llevar a las comunidades y sus recursos hacia el redil de la economía de mercado, podría abrumar y en última instancia destruir estas sociedades"* (Correa, 2001).

Con todo, muchos Estados y comunidades opinan que las E.C.T. deberían protegerse en forma de P.I., dado que en cierto grado ya cuentan con dicha protección, al tiempo que otros muchos consideran que debería desarrollarse un nuevo sistema de protección de los C.T y las E.C.T. basado en la P.I. Lo anterior implicaría establecer normas de P.I. específicamente adaptadas a cada caso, y de esta manera impedir la utilización no autorizada o indebida de los C.T. y las E.C.T. por terceros. (OMPI, Organización Mundial de la Propiedad Intelectual, s.f.). No obstante, existe otra posición que arguye que la protección en forma de P.I no es la más conveniente y debe desarrollarse un sistema completamente nuevo que tenga como finalidad la preservación, pues de lo contrario se impondrían los sistemas convencionales de la P.I. sobre los C.T. y las E.C.T.

Adscrito a la primera tendencia, encontramos al Estado Colombiano, el cual ha mantenido incólumes las leyes de la P.I. y no ha producido leyes que amplíen y desarrollen el marco in-

---

24. Gabriel Nemogá, Álvaro Zerda Sarmiento, Carlos Correa o Sebastián Donoso Bustamante.

ternacional. A su vez, el Estado Colombiano ha implementado planes de acción que utilizan solo los mecanismos de la P.I. existentes. Ejemplo de lo anterior es el proyecto "Protegiendo nuestra identidad"[25], que pretendía la sensibilización en derechos de la P.I. y en la asociatividad a industrias creativas artesanales, con el fin de incidir en las comunidades artesanales tradicionales, para que entablarán acciones de posicionamiento efectivo de sus productos a través de una marca o signo distintivo que los hiciera reconocibles y les proveyera una mayor visibilidad en el mercado. (Ministerio de Industria, comercio y turismo de Colombia, 2011)

Adscritos a la segunda posición encontramos organizaciones como la OMPI, que a través del Comité Intergubernamental sobre Propiedad Intelectual y Recursos Genéticos, Conocimientos Tradicionales y Folclore, ha desarrollado documentos[26] que orientan el debate hacia el uso de los elementos existentes de la P.I., pero que a su vez tienen en cuenta el enfoque especial de la territorialidad indígena y del análisis de recursos genéticos y conocimientos tradicionales. (OMPI, 2014)[27]. También encontramos autores como Daniel Octavio Salazar Loggiodice,

---

25. Este proyecto es el resultado de la unión del Ministerio de Comercio, Industria y Turismo con la entidad Artesanías de Colombia, que inicio en el 2011, el cual busca recopilar las memorias de las charlas de sensibilización adelantadas en las diferentes comunidades artesanales beneficiarias. En este, se recopilan en dos grandes temas: Propiedad Intelectual y Asociatividad.

26. Estos documentos presentan los diferentes debates durante las reuniones del Comité y se pueden encontrar en la página de la OMPI en el siguiente link: http://www.wipo.int/meetings/es/details.jsp?meeting_id=22208.

27. El documento producto de la vigesima octava sesión del Comité Intergubernamental sobre Propiedad Intelectual y Recursos Genéticos, Conocimientos Tradicionales y Folclore, se propone desarrollar unos preceptos para velar por alentar a que se respeten los derechos de las comunidades locales y los pueblos indígenas, así como el de los pueblos que se hallen bajo ocupación total o parcial sobre sus recursos genéticos, sus derivados y conocimientos tradicionales conexos, conocimientos tradicionales asociados a los recursos genéticos, incluido el principio del consentimiento fundamentado previo y las condiciones mutuamente convenidas y la participación plena y efectiva de conformidad con los acuerdos y las declaraciones internacionales especialmen-

quien propone un proyecto de decisión andina con base en la P.I y los conocimientos tradicionales. (Loggiodice, 2002).

Por último, adscritos a la tendencia final encontramos autores como los profesores Gabriel Nemogá y Álvaro Zerda Sarmiento o Sebastián Donoso Bustamante (Bustamante, 2007), quienes pretenden la creación de un sistema sui generis de protección a los conocimientos tradicionales. Este sistema incluiría: (i) bases de datos creadas para registrar los conocimientos tradicionales, (ii) el reconocimiento a una propiedad intelectual colectiva y no de individuos o corporaciones determinadas, (iii) la aceptación de que los conocimientos tradicionales pueden ser reivindicados por comunidades diferentes, (iv) el reconocimiento que la diversidad cultural debe ser protegida por sí misma ya que representa modelos alternativos de vida y de manejo sostenible de la biodiversidad y no por su posible valor económico, (v) el reconocimiento de que los conocimientos tradicionales son perpetuos puesto que son herencia que se transmite de generación en generación y su duración no puede ser restringida a un espacio de tiempo determinado y (vi) mecanismos de administración y participación que no hagan compleja o costosa la protección, defensa administrativa y judicial de derechos sobre el conocimiento tradicional. (Nemogá Soto, Correa Acero, Eliana, & Lizarazo Cortes, 2006).

Como se ha evidenciado en este capítulo "Marco normativo existente en materia de C.T y E.C.T." la protección de los C.T. y E.C.T. enfrenta tensiones entre enfoques conservacionistas y proteccionistas. Aunque Colombia ha ratificado tratados internacionales como el CDB y la Convención de la UNESCO de 2003, su implementación ha sido limitada, especialmente en cuanto a la protección contra la biopiratería y la explotación no autorizada. Casos emblemáticos como los tratados de la OMPI y la Decisión 486 ilustran cómo el sistema de propiedad

---

te la Declaración de las Naciones Unidas sobre los Derechos de los Pueblos Indígenas.

intelectual ofrece herramientas útiles, pero también plantea desafíos, particularmente por su naturaleza orientada al mercado. En el ámbito nacional, avances como la Ley del Viche/Biche y el Decreto 1080 de 2015 han comenzado a reconocer la importancia de la propiedad intelectual colectiva y de los planes de salvaguardia, aunque todavía se requiere un marco más especializado. Las decisiones jurisprudenciales, como la Sentencia T-477 de 2012, refuerzan esta necesidad al evidenciar la insuficiencia del régimen ordinario de propiedad intelectual para proteger el conocimiento tradicional y destacar la importancia de implementar destacar la importancia de desarrollar un marco normativo especializado que responda a las particularidades de estos saberes.

En conclusión, mientras que el enfoque conservacionista ha permitido cierta preservación, se hace urgente adoptar mecanismos más robustos y adaptados a la realidad cultural de las comunidades. El próximo capítulo profundizará en cómo las herramientas de propiedad industrial, como las marcas colectivas, indicaciones geográficas y otros mecanismos, pueden complementar los avances normativos existentes y enfrentar los desafíos identificados.

III.

HERRAMIENTAS DE LA P.I. PARA LA PROTECCIÓN DE LAS E.C.T.

Para poder esquematizar las posibles herramientas existentes al interior de la P.I., es conveniente recordar que ésta consiste en, un sistema de reglas en que se institucionaliza al autor, es decir, donde se le confieren unos derechos por virtud de un estatuto (Herrera, 2013)[28], clasificándose en derechos de autor y propiedad industrial. Los primeros tienen una duración de la vida del autor más 80 años (artículos. 21 y 29 [29] de la Ley 23 de 1982) y la segunda, tiene tres diferentes modalidades; la primera es la de signos distintivos (marcas, lemas comerciales,

---

28. La P.I. tiene dos componentes, uno personalísimo llamado derechos morales y otro económico llamado derechos patrimoniales. Este tipo de propiedad es limitada en el tiempo, la duración de la protección depende de la clase de derechos involucrados.

29. Ley 23 de 1982, artículo 21: "Los derechos de autor corresponden durante su vida, y después de su fallecimiento disfrutarán de ellos quienes legítimamente los hayan adquirido, por el término de ochenta años. En caso de colaboración debidamente establecida, el término de ochenta años se contará desde la muerte del último co-autor".

Ley 23 de 1982, artículo 29; "La protección consagrada por la presente Ley a favor de los artistas interprete y ejecutantes, de los productores de fonogramas y de los organismos de radiodifusión, será de ochenta años a partir de la muerte del respectivo titular, si este fuere persona natural; si el titular fuere persona jurídica, el término será de treinta años a partir de la fecha en que tuvo lugar la interpretación o ejecución o la primera fijación del fonograma, o la emisión de la radiodifusión".

nombres y enseñas comerciales, entre otros), esta modalidad tiene una duración indefinida pero debe ser renovada cada 10 años (artículo 152 de la Decisión 486[30] de 2000); la segunda es la de nuevas creaciones (patentes o modelos) la cual tiene una duración de 20 años (artículo 50[31] de la Decisión 486 de 2000) y la tercera es la de indicaciones geográficas (denominación de origen o indicaciones de procedencia) que tiene una vigencia determinada por la subsistencia de las condiciones que hacen que el producto tenga las cualidades reconocidas (artículo 206[32] de la Decisión 486 de 2000).

La P.I. concede a un autor o autores determinados[33], sean personas naturales o jurídicas identificables, lo cual no implica que siempre deba ser expuesto o público el nombre de quien es el autor, puesto que existen las modalidades de autores con seudónimos y anónimos (artículos. 8e, 8f y 25[34] de la Ley 23 de

---

30. Decisión 486 de 2000, artículo 152: "El registro de una marca tendrá una duración de diez años contados a partir de la fecha de su concesión y podrá renovarse por períodos sucesivos de diez años".

31. Decisión 486 de 2000, artículo 50: "La patente tendrá un plazo de duración de veinte años contado a partir de la fecha de presentación de la respectiva solicitud en el País Miembro".

32. Decisión 486 de 2000, artículo 206: "La vigencia de la declaración de protección de una denominación de origen, estará determinada por la subsistencia de las condiciones que la motivaron, a juicio de la oficina nacional competente. Dicha oficina podrá declarar el término de su vigencia si tales condiciones no se mantuvieran (…)".

33. Se hace énfasis en que sea determinados, puesto que parecería que la protección a los C.T.se enfrenta a esta característica, en la medida en que los titulares de las E.C.T por lo general no son autores determinados sino de una colectividad que no tiene tiempo, de un pueblo constituido por muchas generaciones. No obstante, como se verá más adelante en realidad esta contradicción es superada por ciertos instrumentos de la P.I.

34. Ley 23 de 1982, artículo 8: E. Obra anónima: aquella en que no se menciona el nombre del autor, por voluntad del mismo, o por ser ignorado;(..) F. Obra seudónima: aquella en que el autor se oculta bajo un seudónimo que no lo identifica"

Ley 23 de 1982, artículo 25: "Las obras anónimas serán protegidas por el plazo de ochenta años a partir de la fecha de su publicación y a favor del editor; si el autor revelare su identidad el plazo de protección será a favor de éste."

1982). De igual forma, cuando hablamos de varios autores, existen diferentes tipos de autoría, entre ellas las obras colectivas, las obras en colaboración y las obras compuestas (artículos. 8c y 8d [35]de la Ley 23 de 1982).

En el campo de la P.I. además de los derechos de autor y de la propiedad industrial, en el Comité Intergubernamental sobre P.I y Recursos Genéticos, C.T. y folclore se ha tratado de crear una propiedad sui generis sobre los C.T., las E.C.T y recursos genéticos, muestra de ello es el reciente Tratado de la OMPI sobre Propiedad Intelectual, Recursos Genéticos y Conocimientos Tradicionales Asociados, adoptado en 2024, que introduce obligaciones de divulgación sobre el origen de los recursos genéticos y los C.T. asociados en patentes, con el fin de evitar la apropiación indebida de estos recursos y las negociaciones que se están llevando a cabo en el seno de este comité acerca de una marco regulatorio para las E.C.T. Sin embargo, a pesar de los avances normativos en foros multilaterales como la OMPI y el desarrollo de marcos jurídicos nacionales, persisten desafíos en la implementación efectiva de estos instrumentos, en efecto, este nuevo tratado aún no ha entrado en vigor pues requiere ser ratificado por 15 miembros e igualmente aun no se ha llegado a expedir un marco o régimen legal especializado que reglamente la propiedad sobre las E.C.T. Por ende, hemos de estudiar el régimen legal de la propiedad industrial, referente a las marcas, secreto empresarial, indicaciones geográficas y competencia desleal, como alternativa de protección jurídica a las E.C.T., específicamente para expresiones como artesanías, productos de arte, popular, instrumentos musicales o formas arquitectónicas, más no para expresiones verbales, musicales o corporales ya que estás deben ser protegidas por otras herramientas distintas a las de la propiedad industrial.

---

35. Ley 23 de 1982, artículo 8: "C.Obra en colaboración: la que sea producida, conjuntamente, por dos o más personas naturales cuyos aportes no puedan ser separados;(..) D. Obra colectiva: la que sea producida por un grupo de autores, por iniciativa y bajo la orientación de una persona natural o jurídica que la coordine, divulgue y publique bajo su nombre".

Las denominaciones de origen, las marcas y los secretos empresariales hacen parte de los signos distintivos que protegen la propiedad industrial. El régimen andino de protección bajo la Decisión 486, complementado con tratados internacionales como el Convenio de París y el Acuerdo sobre los Aspectos de los Derechos de Propiedad Intelectual relacionados con el Comercio - ADPIC, proporciona a los titulares mecanismos adicionales para evitar la explotación no autorizada y la competencia desleal en los mercados internacionales. Estos signos distintivos sirven para diferenciar en el mercado a la empresa, sus establecimientos y los productos o servicios que esta genera. En seguida veremos por qué estos mecanismos protegen la integridad de las E.C.T y no contravienen su naturaleza.

A. Marcas

Las marcas son un tipo de signo distintivo que identifica los productos o servicios de un empresario o empresa. Las marcas están contempladas en el título VI de la Decisión 486 del 2000 de la CAN, éstas se definen en el artículo134 y la duración de las mismas es de 10 años, prorrogables por períodos iguales de manera indefinida, tal como lo define el artículo 152 [36] de la misma decisión.

Las marcas pueden formarse con letras, números, dibujos, imágenes, colores, logotipos, figuras, gráficos, emblemas, escudos, monogramas, retratos, etiquetas, olores, sonidos o combinación de estos elementos (SIC, 2008). Según la Superintendencia de Industria y Comercio de Colombia, las marcas pueden ser:

— Nominativas: Palabras o frases sin diseño específico.
— Figurativas: Representaciones gráficas sin texto.
— Mixtas: Combinación de elementos nominativos y figurativos.

---

36. Este artículo se cito en el pie de página numero 28.

— Tridimensionales: Formas con volumen y características espaciales distintivas.

— Sonoras: Composiciones o sonidos distintivos.

— Olfativas: Olores que identifican un producto o servicio.

— De color: Protección sobre un color o combinación de colores cuando adquiere carácter distintivo (Superintendencia de Industria y Comercio, 2025).

Existen distintos tipos de marcas, entre ellas, las marcas colectivas y las marcas de certificación, que la OMPI ha reconocido como mecanismos adecuados para la protección de los conocimientos tradicionales (OMPI, 2017).

Las marcas colectivas, conforme define el título VIII de la Decisión 486 de 2000, son una clase de marca cuya titularidad la tienen un grupo de personas como las asociaciones de productores, prestadores de servicios, organizaciones o fabricantes, para que con ella se informen las características comunes de los productos o servicios generados por los integrantes de ese cuerpo colectivo. Las marcas de certificación, de acuerdo con el título IX de la Decisión 486 de 2000, artículo 185[37], son un signo que sirve para distinguir productos o servicios cuya calidad u otras características han sido certificadas por el titular de la marca, con este tipo de marcas de certificación el grupo propietario puede autorizar su uso a cualquiera que respete determinadas cualidades y normas preestablecidas. Estas marcas son especialmente relevantes para comunidades indígenas y locales que desean garantizar la autenticidad y calidad de sus productos en el mercado. Un ejemplo es la marca de certificación utilizada en Canadá para proteger los suéteres tejidos por la comunidad Cowichan (OMPI, 2017).

Los derechos adquiridos por el registro de la marca solo confieren una protección en el territorio colombiano, es decir

---

37. Decisión 486 de 2000, artículo185: "Se entenderá por marca de certificación un signo destinado a ser aplicado a productos o servicios cuya calidad u otras características han sido certificadas por el titular de la marca".

el registro carece de protección en el exterior, lo anterior se infiere del artículo 147[38] de la Decisión 486 de 2000, dónde se establece que solo se impedirá el registro de una marca idéntica registrada en otro país cuando exista una oposición justificada, de lo contrario se podrá registrar[39]. Sin embargo, el sistema de registro internacional de marcas, como el Protocolo de Madrid, ha permitido que ciertas marcas obtengan reconocimiento más allá de sus fronteras nacionales. Es precisamente por esta limitación que no basta proteger las E.C.T. con marcas, la protección debe ser conjunta con las indicaciones geográficas que deben ser reconocidas a nivel internacional. Es necesario tener en cuenta que tanto la marca como la denominación de origen registrados sean gráficamente diferentes para evitar confusiones; de lo contrario, conforme el literal L del artículo 135[40] de la Decisión antes mencionada, no podrá registrarse la marca.

Ahora bien, sin negar los beneficios aportados por el Protocolo de Madrid que fue aprobado por la Ley 1455 de 2011, esta normativa puede generar a su vez una desventaja para las comunidades tradicionales puesto que se presentan contradicciones entre el Protocolo de Madrid y la Decisión 486, ya que el

---

38. Decisión 486 de 2000,artículo 147: "A efectos de lo previsto en el artículo anterior, se entenderá que también tienen legítimo interés para presentar oposiciones en los demás Países Miembros, tanto el titular de una marca idéntica o similar para productos o servicios, respecto de los cuales el uso de la marca pueda inducir al público a error, como quien primero solicitó el registro de esa marca en cualquiera de los Países Miembros"

39. El registro internacional de la marca es posible conforme a los Arts.1 a 4 del Protocolo Concerniente al Arreglo de Madrid Relativo al Registro Internacional de Marcas, que fue ratificado por la ley 1455 de 2011. Sin embargo, no opera automáticamente y debe ser solicitada ante Oficina Internacional de la Organización Mundial de la Propiedad Intelectual, por tal razón se afirma que las marca solicitada ante la oficina nacional solo brinda una protección en el país dónde se solicitó.

40. Decisión 486 de 2000, artículo 135: No podrán registrarse como marcas los signos que: L) consistan en una indicación geográfica nacional o extranjera susceptible de inducir a confusión respecto a los productos o servicios a los cuales se aplique"

protocolo establece como únicas causales de denegación provisional o definitiva para el registro de una marca los motivos establecidos en el Convenio de París, es decir, la oficina nacional de registro de marcas no podrá aplicar la normativa comunitaria y nacional que establece motivos de denegación relativo a la prohibición del uso como marca del nombre de comunidades indígenas, afroamericanas o locales (Ramírez, 2013).

En Colombia, la Ley 1648 de 2013 y el Decreto 2264 de 2014 han fortalecido la protección de las marcas registradas, estableciendo sanciones para el uso indebido de marcas, incluyendo la destrucción de productos falsificados y la posibilidad de indemnización para los titulares de derechos marcarios.

Las marcas colectivas y de certificación pueden llegar a ser un mecanismo idóneo de protección en Colombia, ya que la oficina de registro ha tenido especial cuidado en los casos en que una marca pueda relacionarse con comunidades indígenas, por ejemplo un caso emblemático fue el de la marca colectiva «Sombrero Vueltiao», registrada en 2011 por el Resguardo Indígena Zenú de San Andrés de Sotavento ante la Superintendencia de Industria y Comercio (SIC). Esta marca buscaba proteger la autenticidad de los sombreros elaborados por los artesanos Zenúes y diferenciar los productos genuinos de las imitaciones y en 2013, la SIC ordenó la suspensión inmediata de la producción, comercialización y venta de sombreros que imitaran o evocaran al auténtico «Sombrero Vueltiao», argumentando que se estaban vulnerando los derechos de la comunidad indígena y engañando a los consumidores.

A nivel internacional, este tipo de medidas ha sido respaldado por legislaciones que prohíben el registro de signos que incluyan nombres de comunidades indígenas sin su consentimiento expreso. En la Comunidad Andina, la Decisión 486 establece que no podrán registrarse marcas que contengan el nombre de comunidades indígenas, afroamericanas o locales, salvo que la solicitud provenga de la misma comunidad o cuente con su autorización. Este mecanismo ya ha sido aplicado para rechazar solicitudes de marcas como «Wayuu» en Colombia y «Shuara» en Ecuador. Un ejemplo similar se encuentra en

Nueva Zelandia, donde la Ley de Marcas de Comercio de 2002 impide el registro de marcas que puedan resultar ofensivas para la comunidad maorí sin su consentimiento o el caso de la marca colectiva «Taita Basket» en Kenya, utilizada por la Asociación de Cestas de Taita para promover y proteger su tejeduría tradicional (OMPI, 2017).

Estos casos resaltan la importancia de garantizar que las marcas colectivas sean gestionadas adecuadamente y que las comunidades indígenas tengan acceso efectivo a mecanismos de defensa para impedir la explotación indebida de sus expresiones culturales tradicionales.

Es así que se puede observar que este signo distintivo permite que se reconozca debidamente el origen y calidad de la artesanía que ha sido creada por las comunidades indígenas, evitando que personas ajenas a las comunidades saquen provecho de la tradición y distorsionen la percepción que el mercado/sociedad tiene sobre las E.C.T.

La anterior herramienta legal es compatible con la naturaleza de los conocimientos tradicionales por dos razones: En primer lugar, este tipo de protección a pesar de brindarse por un periodo determinado de tiempo no concluye con la finalización del periodo sino que depende de la existencia de las características que dieron origen a la protección y puede ser renovado, es decir no se contraviene la atemporalidad. En segundo lugar, porque las figuras de las marcas y marcas colectivas permite que un grupo de personas, comunidad o sujeto sea el titular del signo distintivo y no se limita a un sujeto particular.

En tercer lugar, debe reconocerse el beneficio económico que este registro brinda a la comunidad. A pesar de que el registro distintivo tenga un costo, éste será mínimo en proporción al provecho que se obtendrá. Por lo general, las E.C.T como las artesanías son los únicos productos que pueden comercializar las comunidades, que en muchas ocasiones tienen escasos ingresos y requieren de estas ganancias para sus necesidades básicas. Incluso, la mayoría de los trabajadores en el campo artesanal son mujeres, factor importante en la consideración de la riqueza entre las familias monoparentales (OMPI, 2005).

B. Secreto empresarial

El secreto empresarial es el saber reservado sobre ideas, procedimientos o productos industriales que por el valor competitivo para la empresa, se desea mantener oculto. (Manuel Pachon, 1995). Este es definido por el artículos 260[41] de la Decisión 486 de la CAN, contenido en el título XVI sobre la competencia desleal vinculada a la propiedad industrial[42].

Ahora bien, el secreto empresarial no contraviene la naturaleza de las E.C.T y actúa armónicamente, ya que en primer lugar, las comunidades no tendrían que hacer una inversión para obtener esta protección, puesto que se protege sin necesidad de registro, en otras palabras, no hay ningún procedimiento ni formalidad para ello; en segundo lugar, porque en la medida en que no exista formalidad, el período de protección es ilimitado y el tiempo de protección depende del tiempo en que la empresa logre que no se divulgue o conozca esa información secreta, así no se contraviene la esencia atemporal de las E.C.T.; finalmente, esta herramienta no restringe la titularidad a un único sujeto sino a aquellos pertenecientes a la empresa o aso-

---

41.   Decisión 486 de 2000, artículo 260: "Se considerará como secreto empresarial cualquier información no divulgada que una persona natural o jurídica legítimamente posea, que pueda usarse en alguna actividad productiva, industrial o comercial, y que sea susceptible de transmitirse a un tercero, en la medida que dicha información sea"

42.   Igualmente, el artículo mencionado estable unas características para que la información sea secreto empresarial:

"a) secreta, en el sentido que como conjunto o en la configuración y reunión precisa de sus componentes, no sea generalmente conocida ni fácilmente accesible por quienes se encuentran en los círculos que normalmente manejan la información respectiva;

b) tenga un valor comercial por ser secreta; y

c) haya sido objeto de medidas razonables tomadas por su legítimo poseedor para mantenerla secreta."

ciación, que en el ámbito de las E.C.T. vendrían a ser las comunidades.

El secreto empresarial confiere una ventaja respecto de la competencia. No obstante, la herramienta funciona solo en la medida en que se concientice a los miembros de las comunidades respecto del valor de sus conocimientos y ellos tomen medidas en su comunidad para evitar que se divulguen y propaguen las técnicas y métodos de elaboración de artesanías, instrumentos musicales o formas arquitectónicas. Con lo anterior, se asegura que la comunidad siga ocupando una posición ventajosa en el mercado, previniendo la tergiversación de la información, y así su conocimiento podría ser conservado y protegido.

En efecto, la OMPI ha establecido en algunas de sus cartillas practicas que el secreto comercial queda amparado por la protección general contra la competencia desleal y por las disposiciones especiales de los paises miembro y jurisprudencia en materia de información clasificada o protección de datos. Para que un conocimiento se proteja bajo la figura del secreto empresarial, es necesario que se mantenga en confidencialidad, limitando su acceso solo a quienes tengan un interés legítimo en conocerlo dentro de su entorno productivo. Asimismo, deben adoptarse medidas razonables para garantizar su carácter reservado y su valor comercial debe derivarse precisamente de dicha confidencialidad (OMPI, 2017). Un ejemplo ilustrativo sobre la aplicación del secreto empresarial es el caso del Consejo Pitjantjatjara en Australia, en el cual la comunidad logró impedir la circulación del libro Nomads of the Australian Desert, escrito por Charles Mountford, en el que se revelaban detalles confidenciales sobre ceremonias sagradas. El tribunal consideró que la divulgación de estos datos comprometía la estabilidad social y religiosa de la comunidad, razón por la cual ordenó su prohibición en Australia Occidental. Este precedente muestra cómo las comunidades indígenas pueden recurrir a normativas de confidencialidad para salvaguardar sus conocimientos tradicionales (OMPI, 2017).

En Colombia la Superintendencia de Industria y Comercio ha enfatizado en que *"Los secretos empresariales no son susceptibles de registro en Colombia, por lo que la Delegatura para la Propiedad Industrial no cumple ninguna función registral en relación con estos. La protección del secreto empresarial no requiere de trámite alguno. Toda persona que con motivo de su trabajo, empleo, cargo, puesto, desempeño de su profesión o relación de negocios, tenga acceso a un secreto empresarial sobre cuya confidencialidad se le haya prevenido, deberá abstenerse de usarlo o divulgarlo, o de revelarlo"* (Superintendencia de Industria y Comercio, 2022) y las acciones por violación de secretos empresariales procederán en aplicación de las cláusulas de confidencialidad establecidas, el articulo 58 del Código Sustantivo del Trabajo acerca de la obligación de confidencialidad de los trabajadores o el articulo 308 del Código Penal, que establece sanciones para la divulgación indebida de la reserva industrial o comercial.

La protección del conocimiento tradicional a través del secreto empresarial representa una estrategia efectiva para que las comunidades mantengan el control sobre sus saberes sin depender de registros formales o sistemas de patentes. Su implementación adecuada permite que estos conocimientos se preserven en su contexto cultural original, al tiempo que se evita su explotación indebida en el mercado global.

C. Indicación geográfica

Las indicaciones geográficas es el apelativo que se utiliza para reconocer productos que proceden de determinados lugares y tienen determinadas características (por ejemplo, "Champagne", "Tequila" o "Parmesano"). Éstas están reguladas por el Acuerdo sobre los ADPIC (Acuerdo de la OMC sobre los Aspectos de los Derechos de Propiedad Intelectual relacionados con el Comercio) y el título XII de la Decisión 486 de la CAN. En dicho acuerdo el artículo 22[43] abarca todos los productos, y define un nivel generalizado de protección, aduciendo que las indicaciones geográficas deben protegerse para evitar que se induzca al público a error y no se genere competencia desleal y el artículo 23[44] proporciona un nivel de protección más especializado en las indicaciones geográficas de los vinos y las bebidas espirituosas, esas indicaciones se deben proteger aun cuando el uso indebido no induzca al público a error (OMC, 2008).

Paralelamente, en el título XII de la Decisión 486 de la CAN, las indicaciones geográficas se dividen en dos, por un lado se encuentran la denominación de origen y por otro la indicación de procedencia. La primera, definida por el artículo 201 de la Decisión 486[45], es el topónimo de un país, región, lugar o zona geográfica determinada, utilizado para diferenciar un producto originario de allí, cuya calidad y características son atribuidas exclusivamente al medio geográfico en el cual se produce. La

---

43.   ADPIC, artículo 22: "A los efectos de lo dispuesto en el presente Acuerdo, indicaciones geográficas son las que identifiquen un producto como originario del territorio de un Miembro o de una región o localidad de ese territorio, cuando determinada calidad, reputación, u otra característica del producto sea imputable fundamentalmente a su origen geográfico(..)".

44.   ADPIC, artículo 23: "Cada Miembro establecerá los medios legales para que las partes interesadas puedan impedir la utilización de una indicación geográfica que identifique vinos para productos de ese género que no sean originarios del lugar designado por la indicación geográfica de que se trate, o que identifique bebidas espirituosas para productos de ese género que no sean originarios del lugar designado por la indicación geográfica en cuestión, incluso cuando se indique el verdadero origen del producto o se utilice la indicación geográfica traducida o acompañada de expresiones tales como "clase", "tipo", "estilo", "imitación" u otras análogas".

45.   Decisión 486 de 2000, artículo 201:" Se entenderá por denominación de origen, una indicación geográfica constituida por la denominación de un país, de una región o de un lugar determinado, o constituida por una denominación que sin ser la de un país, una región o un lugar determinado se refiere a una zona geográfica determinada, utilizada para designar un producto originario de ellos y cuya calidad, reputación u otras características se deban exclusiva o esencialmente al medio geográfico en el cual se produce, incluidos los factores naturales y humanos."

segunda, definida por el artículo 221[46] de la mencionada Decisión, es una expresión referida al país, región, localidad o lugar de origen de un producto, que no guarda relación con las características del mismo, por ejemplo: "fabricado en..." (DNPI, OMPI y Min. de Industria, Energia y Minería de Uruguay, 2001).

De acuerdo a las definiciones antes expuestas, la denominación de origen sirve para la protección de las E.C.T., como artesanías y construcciones arquitectónicas, ya que estas son creadas conforme a la relación que las comunidades guardan con su entorno (utilizan materiales procedentes de sus territorios), que por lo general están claramente delimitados en resguardos y que a su vez representan un legado histórico.

La denominación de origen no transgrede la esencia de las E.C.T., debido a que puede ser solicitada por aquellas personas que tengan un interés legítimo, siendo éstas, individuos asociaciones o autoridades políticas del lugar geográfico dedicado a la producción, extracción, elaboración o transformación del producto (SIC, 2013). Es decir, los líderes de las comunidades pueden solicitar la denominación de origen, sin que por ello sea adjudicada únicamente a ellos, sino que esta protección que será reconocida para el lugar donde está establecida la comunidad, reconociendo la multiplicidad de titulares que tiene el conocimiento.

Aunado a lo anterior, las denominaciones de origen no contradicen la atemporalidad de las E.C.T., ya que la protección perdura mientras persistan las condiciones que dieron origen a su existencia. Sumado a esto, la denominación de origen solo puede ser usada por las personas que producen o fabrican los productos amparados por ella, en la zona geográfica determinada (SIC, 2013), por ello los únicos que podrán beneficiarse de dicha protección serán las comunidades creadoras del arte

---

46. Decisión 486 de 2000, artículo 221: "Se entenderá por indicación de procedencia un nombre, expresión, imagen o signo que designe o evoque un país, región, localidad o lugar determinado".

tradicional, que mantienen y reconocen el significado espiritual que tienen las E.C.T.

En Colombia, la protección de las indicaciones geográficas ha experimentado avances significativos hasta el año 2025. La Superintendencia de Industria y Comercio ha declarado la protección de 29 denominaciones de origen colombianas, entre las cuales se encuentran entre las cuales se encuentran denominaciones de origen conformadas por el nombre de un país, región o lugar determinado como por ejemplo: Rosa de Colombia, Bizcocho de Achira del Huila, Queso del Caquetá, Cangrejo Negro de Providencia, Cerámica Artesanal de Ráquira, Cerámica Negra de La Chamba, Bocadillo Veleño, el Queso Paipa y el Crisantemo de Colombia e igualmente se encuentran denominaciones de origen conformadas por expresiones que se refieren a una zona determinada, pero no son como tal el nombre de un país, región o lugar, como por ejemplo la Tejeduría Zenú o la Tejeduría Wayuu. (Superintendencia de Industria y Comercio, 2021).

Además, la SIC ha implementado el Sello de Denominación de Origen Protegida, un distintivo que garantiza la calidad y autenticidad de productos nacionales. Este sello abarca diversos productos colombianos, incluyendo tejidos, artesanías, sombreros, cerámicas, cestería, flores, alimentos y bebidas, entre otros. El uso de este sello está reservado exclusivamente para productores, fabricantes y artesanos cuya producción se realiza en la zona geográfica indicada por la denominación de origen. Además, busca facilitar al consumidor la identificación de productos colombianos protegidos, diferenciando aquellos con valor agregado por su origen y ofreciendo una garantía de calidad que confirma su autenticidad y características únicas. (PROCOLOMBIA-COLOMBIA CO, 2025).

Es importante destacar que la denominación de origen puede ser solicitada por personas naturales o jurídicas que directamente se dediquen a la extracción, producción o elaboración del producto que se pretende amparar. Por ser un derecho colectivo, el titular de la denominación de origen es el Estado colombiano en cabeza de la SIC, pero esta puede delegar la «administración» de la denominación de origen a entidades públicas o privadas que representen a las personas dedicadas a la producción de los productos identificados con dicha denominación (Superintendencia de Industria y Comercio, 2025). Finalmente, las denominaciones de origen tienen como limitante que la protección otorgada se encuentra restringida al país en el cual se ha declarado. Por lo tanto, la protección de denominaciones de origen en el extranjero no se entiende protegidas en el territorio colombiano ni las solicitudes colombianas se entienden protegidas en el extranjero.

Esta restricción subraya la necesidad de que los productores y comunidades interesadas en expandir la protección de sus productos más allá del territorio nacional consideren mecanismos complementarios de propiedad intelectual, como las marcas colectivas, las marcas de certificación, los secretos empresariales entre otros. Estas herramientas pueden fortalecer el reconocimiento de los productos en mercados internacionales, garantizando su autenticidad y diferenciación.

Las indicaciones geográficas son tal como se explicó anteriormente un instrumento relevante para la preservación de los conocimientos tradicionales y expresiones culturales tradicionales, protegiendo y valorizando estos conocimientos en un contexto de comercio global.

D. Competencia desleal

Los actos que son denominados como competencia desleal son los que dan eficacia a las herramientas antes descritas, por el hecho de que al tipificar estos actos en una conducta de un comerciante, se pueden iniciar acciones jurisdiccionales ante la Superintendencia de Industria y Comercio (de ahora en adelante SIC) o ante los Juzgados Civiles del Circuito y se puede sancionar a quien ejerce dichos actos. Los actos de competencia desleal están contenidos en la Ley 256 de 1996 y en el título

XVI de la Decisión 486 de la CAN, en el artículo 259[47]. Las acciones de competencia desleal posibilitan la declaratoria de deslealtad de los actos acusados, la suspensión de los mismos o la remoción de sus efectos y, a su vez, reconocen una reparación económica, a través de la pretensión de indemnización de perjuicios.

En todo caso, es importante resaltar que estás no son las únicas acciones jurisdiccionales que se pueden ejercer. En la jurisdicción penal, también se pueden denunciar los actos que violen los secretos empresariales o constituyan un uso indebido de marcas. El artículo 306[48] de la ley 599 del 2000 tipifica el delito de usurpación de marcas y patentes y el artículo 308[49]

---

47. El artículo 259 establece que son actos de competencia desleal: "a) cualquier acto capaz de crear una confusión, por cualquier medio que sea, respecto del establecimiento, los productos o la actividad industrial o comercial de un competidor;

b) las aseveraciones falsas, en el ejercicio del comercio, capaces de desacreditar el establecimiento, los productos o la actividad industrial o comercial de un competidor; o,

c) las indicaciones o aseveraciones cuyo empleo, en el ejercicio del comercio, pudieren inducir al público a error sobre la naturaleza, el modo de fabricación, las características, la aptitud en el empleo o la cantidad de los productos".

48. Artículo 306. *Usurpación de marcas y patentes.* El que utilice fraudulentamente nombre comercial, enseña, marca, patente de invención, modelo de utilidad o diseño industrial protegido legalmente o similarmente confundible con uno protegido legalmente, incurrirá en prisión de dos (2) a cuatro años y multa de veinte (20) a dos mil (2.000) salarios mínimos legales mensuales vigentes. En la misma pena incurrirá quien financie, suministre, distribuya, ponga en venta, comercialice, transporte o adquiera con fines comerciales o de intermediación, bienes producidos o distribuidos en las circunstancias previstas en el inciso anterior

49. Artículo 308. *Violación de reserva industrial o comercial.* El que emplee, revele o divulgue descubrimiento, invención científica, proceso o aplicación industrial o comercial, llegados a su conocimiento por razón de su cargo, oficio o profesión y que deban permanecer en reserva, incurrirá en prisión de dos (2) a cinco (5) años y multa de veinte a dos mil (2.000) salarios mínimos legales mensuales vigentes. En la misma pena incurrirá el que indebidamente conozca, copie u obtenga secreto relacionado con descubrimiento, invención científica, proceso o aplicación industrial o comercial. La pena será de tres (3) a

de la misma ley contempla el delito de la violación de reserva industrial o comercial.

El Proyecto de Ley 452 de 2022 buscaba reformar la Ley 256 de 1996 sobre competencia desleal en Colombia, incorporando disposiciones específicas para la protección de los conocimientos tradicionales y el patrimonio colectivo de las comunidades étnicas. Sin embargo, esta iniciativa fue archivada el 21 de junio de 2022, conforme al artículo 162 de la Constitución Política de Colombia y el artículo 190 de la Ley 5ª de 1992. Como resultado, la normativa vigente en materia de competencia desleal no contempla disposiciones específicas para la salvaguarda de estos conocimientos. (Secretaría Cámara de Representantes, 2025).

Si bien la protección de los conocimientos tradicionales en el marco de la competencia desleal podría representar un avance en la defensa de los derechos de las comunidades, el diseño jurídico del proyecto archivado generó cuestionamientos. José Miguel de la Calle, reconocido jurista experto en la materia, en su columna de *Asuntos Legales*, en su momento destacó que, uno de los principales problemas era la intención de equiparar los conocimientos tradicionales con los secretos industriales o comerciales, lo cual resulta jurídicamente impropio. La naturaleza colectiva y ampliamente divulgada de los conocimientos tradicionales es incompatible con la definición de secreto contenida en el artículo 260 de la Decisión 486 de 2000, que establece que un secreto debe ser información «no divulgada», poseída legítimamente por una persona natural o jurídica, y protegida mediante medidas razonables para mantener su confidencialidad (De la Calle, 2022). No obstante como se vio en secciones anteriores, la confidencialidad de los conocimientos si puede ser mantenida, como en el caso del Consejo Pitjantjatjara en Australia, y la constitución de un secreto empresarial

---

siete (7) años de prisión y multa de cien (100) a tres mil (3.000) salarios mínimos legales mensuales vigentes, si se obtiene provecho propio o de tercero.

dependerá exclusivamente de las medidas tomadas por la comunidad.

Otro punto de controversia señalado en el análisis de De la Calle fue la falta de un registro oficial que permita individualizar las comunidades titulares de los conocimientos tradicionales y determinar con precisión quiénes serían los sujetos afectados por la conducta desleal. En efecto, la inexistencia de un mecanismo de reconocimiento formal de estos conocimientos podría dificultar la aplicación efectiva de la normativa y la adjudicación de indemnizaciones en caso de un fallo judicial (De la Calle, 2022).

Pese al archivo del proyecto, las comunidades que enfrenten la apropiación indebida de sus conocimientos pueden recurrir a otros mecanismos de protección dentro del régimen de propiedad intelectual, como las marcas colectivas, las marcas de certificación y la protección de secretos empresariales cuando se cumplan los requisitos de confidencialidad. Además, la normativa sobre competencia desleal sigue siendo una herramienta útil cuando terceros utilizan indebidamente los conocimientos tradicionales para generar confusión en el mercado o para aprovecharse de la reputación y el valor cultural de productos tradicionales sin autorización de las comunidades.

El análisis desarrollado en este capítulo ha permitido examinar cómo las herramientas de propiedad intelectual (P.I.), tales como marcas colectivas, denominaciones de origen, secreto empresarial y mecanismos contra la competencia desleal, han sido empleadas para proteger ciertos aspectos de los conocimientos tradicionales (C.T.) y las expresiones culturales tradicionales (E.C.T.). Sin embargo, la aplicación de estas figuras jurídicas sigue siendo limitada para abordar integralmente las necesidades de protección de estos saberes y manifestaciones.

Las razones detrás de esta insuficiencia radican en el hecho de que los C.T. y las E.C.T. se transmiten de manera colectiva e intergeneracional, están profundamente vinculados a sistemas de conocimiento propios de comunidades indígenas y locales, y poseen un carácter dinámico que dificulta su categorización dentro de un sistema de P.I. diseñado para la protección individual y comercial de la creatividad y la innovación. Además, muchas de estas expresiones culturales tienen una dimensión espiritual o ritual que las herramientas convencionales de propiedad intelectual no contemplan, lo que impide su protección integral. En efecto, dicha protección legal no tiene en cuenta la importancia de las creencias que las E.C.T. representa y por eso, no le dan un papel preponderante en el reconocimiento popular. Es decir, por el mercado o terceros.

A nivel nacional, se han promovido iniciativas orientadas a reforzar la protección de los C.T. y las E.C.T. en el ámbito de la propiedad intelectual. El sistema de denominaciones de origen ha evolucionado para reconocer productos que representan la relación entre un territorio y los conocimientos tradicionales asociados a su producción. Actualmente, existen denominaciones de origen basadas en nombres geográficos específicos, como el Bocadillo Veleño o el Queso Paipa, pero también aquellas que hacen referencia a prácticas tradicionales sin un nombre geográfico explícito, como la Tejeduría Zenú y la Tejeduría Wayuu. Aunque estas figuras han fortalecido la identidad y el valor comercial de productos vinculados a conocimientos tradicionales, no garantizan la protección de los conocimientos y técnicas subyacentes, que tienen el riesgo de ser apropiados por terceros sin control comunitario.

Asimismo, se han adoptado mecanismos de reconocimiento y caracterización de los actores que salvaguardan y reproducen estos conocimientos. Ejemplo de estos mecanismos es el Registro Único de Artesanos de Colombia (RUAC), anunciado en 2023 y aún en construcción, el cual pretende consolidar información sobre los artesanos y sus técnicas, facilitando su identificación y acceso a políticas públicas de promoción del sector artesanal. Sin embargo, este registro no representa un mecanismo de protección jurídica de los conocimientos tradicionales, sino una estrategia de reconocimiento e inclusión dentro del ámbito productivo y cultural (Asesora de Comunicaciones y SIART, 2023).

En el ámbito internacional, el Tratado de la OMPI sobre Propiedad Intelectual, Recursos Genéticos y Conocimientos

Tradicionales Asociados, adoptado en mayo de 2024, representa un avance en la protección de los conocimientos tradicionales asociados puesto que establece la obligación de divulgar el país de origen o la fuente de los recursos genéticos utilizados en invenciones e identificar a las comunidades que han contribuido con sus conocimientos tradicionales. Además, el tratado establece la creación de bases de datos nacionales de conocimientos tradicionales, lo que, en principio, podría contribuir a la prevención de la biopiratería y la apropiación indebida de estos saberes. Este tratado de esta manera abre la puerta que a su vez se genere una regulación internacional para la protección de las E.C.T. Sin embargo, la implementación de este tratado en los ordenamientos nacionales y su impacto real en la protección de los conocimientos tradicionales aún está por definirse.

El derecho de autor ha sido considerado como una posible vía de protección para ciertas expresiones culturales tradicionales, especialmente aquellas fijadas en un soporte material, como grabaciones musicales, textos o registros visuales. Sin embargo, su aplicación es limitada, ya que exige originalidad y la identificación de un autor individual, lo que entra en conflicto con la naturaleza colectiva y oral de muchas E.C.T. Además, en la práctica, las expresiones culturales tradicionales han sido utilizadas como inspiración para obras protegidas por derecho de autor sin que las comunidades de origen reciban reconocimiento ni beneficios económicos, lo que refuerza la necesidad de explorar mecanismos más equitativos y adecuados a la naturaleza de estos conocimientos.

A pesar de los avances y limitantes antes descritos, los C.T. y las E.C.T. enfrentan nuevos desafíos en la era digital y frente a la inteligencia artificial generativa. El acceso masivo a datos que pueden tener su origen en C.T. y E.C.T para entrenar modelos de IA, la replicación y comercialización de patrones tradicionales sin reconocimiento ni compensación para las comunidades, y la digitalización indiscriminada de saberes ancestrales sin mecanismos adecuados de protección representan riesgos sin precedentes. Mientras que la legislación actual se ha centrado en la protección en entornos físicos y comerciales convencionales, la era digital ha facilitado la apropiación, modificación y explotación de estos conocimientos a una escala global sin precedentes.

Además de la apropiación indebida de conocimientos tradicionales, la inteligencia artificial generativa plantea un nuevo riesgo de tergiversación cultural. Los modelos de IA pueden reinterpretar, modificar o combinar elementos de las E.C.T. sin considerar su significado simbólico, ritual o espiritual dentro de sus comunidades de origen. Esto no solo puede llevar a la descontextualización de estos saberes, sino también a su uso de manera superficial o estereotipada en productos comerciales, reforzando narrativas ajenas a la realidad cultural de las comunidades y diluyendo la autenticidad de sus expresiones.

Aunque las herramientas de P.I. han evolucionado con normativas como la Ley del Viche, el Sello de Denominación de Origen Protegida y el Tratado de la OMPI de 2024, uno de los grandes desafíos de la actualidad es diseñar estrategias que permitan salvaguardar los C.T. y las E.C.T. en el entorno digital. Es por ello que en el siguiente capítulo, se explorarán las nuevas amenazas que enfrentan los C.T. y las E.C.T. en los mercados digitales y ante el auge de la inteligencia artificial, analizando los límites y oportunidades de la propiedad intelectual para responder a esta nueva realidad y garantizar un reconocimiento justo y una compensación equitativa a las comunidades en la era digital.

IV.

Desafíos para la protección de los conocimientos tradicionales y las expresiones culturales tradicionales en la era digital

Los C.T. y las E.C.T. representan un patrimonio invaluable para los pueblos indígenas y comunidades locales, no solo como manifestaciones de su identidad y cosmovisión, sino también como fuente de desarrollo económico y social. Su protección ha sido objeto de múltiples esfuerzos normativos a nivel internacional y nacional, buscando garantizar el reconocimiento de los derechos colectivos de las comunidades sobre su acervo cultural y evitar su explotación sin consentimiento ni beneficio compartido. Sin embargo, la transformación digital y la proliferación del uso de nuevas tecnologías en la vida cotidiana, especialmente la inteligencia artificial (IA), han introducido desafíos inéditos que ponen en riesgo la integridad y control de estos conocimientos.

La posibilidad de la digitalización de productos basados en C.T. o E.C.T. ha abierto las oportunidades de comercialización y visibilización a nivel global, pero también ha ampliado los riesgos de la apropiación indebida y la reproducción masiva de dichos conocimientos o expresiones sin reconocimiento de las comunidades. Plataformas de comercio electrónico, bases de datos abiertas y modelos de inteligencia artificial que operan sin una regulación clara han acelerado la extracción y uso no autorizado de estos saberes, generando tensiones entre el acceso al conocimiento y la necesidad de protección de los C.T. y E.C.T. La reciente adopción del Tratado de la OMPI sobre Propiedad Intelectual, Recursos Genéticos y Conocimientos Tradicionales Asociados ha puesto de manifiesto la necesidad de garantizar la transparencia en el uso de estos recursos y prevenir la concesión errónea de derechos exclusivos sobre invenciones derivadas de conocimientos tradicionales (OMPI, 2024).

Este capítulo analiza los nuevos desafíos que enfrentan los C.T y las E.C.T ante el uso de tecnologías, en los mercados digitales y ante el auge de la inteligencia artificial, explorando las limitaciones de la propiedad intelectual para responder a esta realidad y las oportunidades regulatorias y tecnológicas que pueden contribuir a garantizar un reconocimiento justo y una compensación equitativa para las comunidades. Se examinan, además, estudios de caso en Colombia, como el Programa Artesano Digital 2024 y el CONPES de inteligencia artificial, con el fin de evaluar qué medidas existen en el momento para mitigar estos riesgos y qué desafíos persisten en la formulación de estrategias efectivas para la protección del estos conocimientos y expresiones en la era digital.

A.   Nuevos desafíos en la era digital

El avance de las tecnologías digitales ha transformado la manera en que los C.T. y las E.C.T. son transmitidas, utilizadas y comercializadas. Si bien la digitalización ha permitido la visibilización y reconocimiento de estos saberes a nivel global, también ha generado desafíos significativos para las comunidades indígenas y locales. La apropiación indebida de C.T. y E.C.T., la alteración de las estructuras sociales de las comunidades, la falta de control sobre la soberanía de datos indígenas o de estos grupos y la explotación de conocimientos tradicionales sin el consentimiento de sus poseedores son algunos de los principales problemas que han surgido en este contexto digital.

La creciente incorporación de tecnologías de la información y la inteligencia artificial en la comercialización y preservación de los C.T. y las E.C.T. ha generado tanto oportunidades como riesgos. La falta de alfabetización digital y de acceso equitativo a estas herramientas ha profundizado las desigualdades entre quienes pueden proteger y monetizar sus conocimientos y aquellos que ven sus creaciones apropiadas por terceros sin mecanismos de defensa adecuados. Como señala la UNESCO (González Zepeda & Martínez Pinto, 2023), las desigualdades sistémicas en América Latina han generado un ciclo de exclusión que impide a las comunidades indígenas desarrollar habilidades digitales y participar en el ecosistema tecnológico, lo que termina por invisibilizar sus conocimientos en los espacios de innovación y toma de decisiones sobre inteligencia artificial y economía digital. La falta de conectividad, sumada a la escasez de formación en tecnologías emergentes, no solo limita su autonomía en la gestión de sus conocimientos, sino que también facilita su explotación sin consentimiento en plataformas digitales y bases de datos abiertas.

Un problema crítico en este contexto es la falta de representación indígena en el desarrollo de algoritmos y sistemas de inteligencia artificial, lo que refuerza la reproducción de sesgos y desigualdades preexistentes. La UNESCO, en la publicación *"Inteligencia Artificial centrada en los Pueblos Indígenas"* advierte que:

> *«Mientras que la población mundial es de 8 mil millones de personas, en 2019 se estimó que el desarrollo de sistemas de IA se concentraba en alrededor de 10 mil personas en siete países. [...] El reporte generado por Atlassian en 2018 sobre la diversidad y la inclusión en la industria tecnológica de los Estados Unidos pintaba un panorama poco alentador; solo 4% de las personas entrevistadas, tanto en Silicon Valley, como en el país en general, se identificaban a sí mismas como pertenecientes a una identidad indígena»* (González Zepeda & Martínez Pinto, 2023)

Esta subrepresentación de comunidades indígenas en el diseño de tecnologías digitales no solo afecta la diversidad en la creación de algoritmos, sino que también excluye sus perspectivas en el diseño de sistemas que podrían impactar directamente la preservación de sus conocimientos. Al no participar en la construcción de estas herramientas, las comunidades indígenas no pueden incidir en la forma en que sus datos y saberes son recolectados y utilizados en modelos de inteligencia artificial. Como resultado, los sistemas de IA se desarrollan con una visión que ignora o puede llegar a distorsionar la riqueza de los C.T. y E.C.T., exponiéndolos a nuevas formas de apropiación y uso sin consentimiento ni compensación. En consecuencia, las comunidades indígenas no solo enfrentan barreras para integrarse a la economía digital, sino que también ven cómo sus conocimientos se incorporan a modelos algorítmicos sin su participación, reforzando patrones históricos de exclusión y despojo.

En efecto, la apropiación indebida de los conocimientos tradicionales en plataformas digitales y la facilidad con la que los diseños, patrones textiles, símbolos y relatos orales pueden ser replicados y comercializados en mercados electrónicos ha llevado a la pérdida de control sobre estos saberes por parte de sus comunidades de origen. Como advierte Levi Obijiofor:

"la globalización ha añadido un dilema para los pueblos indígenas porque, por un lado, ha ayudado a unir a los pueblos indígenas de todo el mundo, aumentando así su visibilidad ante el resto del mundo. Por otro lado, la globalización también ha facilitado el acceso, abuso, daño y disminución de las expresiones culturales y los símbolos indígenas. [...] Una de las formas en que los conocimientos indígenas y las prácticas culturales son abusadas es a través de la publicación no autorizada de expresiones culturales y conocimientos indígenas en Internet. Las nuevas tecnologías también han facilitado la venta ilegal y la reproducción criminal de arte, artesanía y diseños indígenas que no ofrecen beneficios a los creadores indígenas" (Obijiofor, 2015).

Esto no solo compromete la integridad cultural de estos saberes, sino que también impacta la economía de los pueblos indígenas, quienes se ven desplazados del mercado global al no poder competir con productos industrializados basados en sus propias creaciones.

Otro desafío fundamental que enfrentan las comunidades indígenas en la era digital es la transformación de sus estructuras sociales tradicionales debido a la incorporación de herramientas tecnológicas en la transmisión del conocimiento. Durante siglos, la preservación y enseñanza de los conocimientos tradicionales ha dependido de la oralidad, la experiencia compartida y los rituales comunitarios, en los cuales los ancianos desempeñaban un papel central como guardianes de la memoria cultural. Sin embargo, el acceso a plataformas digitales y el uso de tecnologías de inteligencia artificial han cambiado esta dinámica, permitiendo la difusión de información que antes estaba restringida a ciertos miembros de la comunidad.

Este fenómeno ha debilitado la autoridad de los líderes tradicionales y ha reducido su rol en la gestión del conocimiento dentro de sus comunidades. En efecto, la digitalización ha creado una situación en la que cualquier persona puede acceder a información privilegiada sobre prácticas culturales y tradicionales en comunidades indígenas, llegando a estar tan bien informadas como los ancianos y líderes comunitarios, quienes originalmente tenían acceso exclusivo a ese conocimiento (Obijiofor, 2015). Esto significa que, a diferencia del pasado, cuando el conocimiento tradicional estaba regulado por normas y tradiciones comunitarias estrictas, hoy cualquier persona con acceso a internet puede obtener información sobre prácticas y rituales de las comunidades sin comprender su significado ni respetar su contexto.

Un ejemplo de cómo este cambio ha afectado a las comunidades es el caso de los Warlpiri en Australia, quienes mantenían un modelo de transmisión basado en la oralidad, donde los conocimientos se transmitían de generación en generación y eran accesibles en función de la edad, el género y el estatus dentro de la comunidad. Como lo describe Levi Obijiofor:

«*En las comunidades indígenas de Australia, Nueva Zelanda y Canadá, así como en sociedades tradicionales de todo el mundo, la comunicación oral es la forma predominante de transmisión del conocimiento y desempeña un papel fundamental en la construcción del mundo social de sus miembros. En aquellas comunidades que dependen de formas orales de comunicación, el conocimiento tradicional se transmite de generación en generación de manera meticulosa. Como afirmó Buchtmann (2000, p. 60) en relación con los Warlpiri del norte de Australia: 'todo el conocimiento que los Warlpiri necesitaban para la vida cotidiana: fuentes de alimento, relaciones de parentesco y tecnología, debía ser recordado y, en última instancia, transmitido a la siguiente generación. A medida que cada persona Warlpiri envejecía y pasaba por los ritos de iniciación, como las ceremonias para los hombres y el matrimonio y la maternidad para las mujeres, se les otorgaba acceso a conocimientos tradicionales más complejos'*» (Obijiofor, 2015).

Este testimonio muestra cómo la transmisión del conocimiento en estas comunidades no tradicionalmente no era ni libre ni abierta, sino que estaba estructurada mediante un sistema de acceso progresivo que respetaba las jerarquías y normas culturales establecidas. Sin embargo, la digitalización ha debilitado este sistema, permitiendo que personas ajenas a la comunidad accedan a información que tradicionalmente solo podía ser conocida por ciertos miembros.

El mayor problema radica en que muchas comunidades no tienen control sobre la forma en que sus conocimientos son digitalizados ni sobre quién tiene acceso a ellos. La exposición de información cultural en plataformas públicas debilita la capacidad de las comunidades para establecer normas sobre su uso, lo que puede llevar a la tergiversación y apropiación indebida de sus saberes. En este sentido, la digitalización sin un marco adecuado de protección no solo pone en peligro la transmisión intergeneracional del conocimiento, sino que también erosiona el papel de los ancianos como custodios de la memoria colectiva, generando incertidumbre sobre el futuro de la cultura y el conocimiento tradicional en la era digital.

Ahora bien, en el ámbito de los datos y la inteligencia artificial, la soberanía de los datos indígenas se ha convertido en un tema de creciente preocupación. Las comunidades indígenas han manifestado inquietudes sobre la manera en que sus datos y conocimientos son recopilados, almacenados y utilizados por actores externos sin su consentimiento. Según el informe de la UNESCO, el concepto de soberanía de datos indígenas se refiere se refiere al *"derecho de los pueblos indígenas a tener la propiedad, control, acceso y posesión de datos que proceden de ellos, se refieren a sus miembros, sistemas de conocimientos, costumbres y territorios"*. (González Zepeda & Martínez Pinto, 2023). No obstante, en la actualidad, muchos de estos datos son recolectados por empresas tecnológicas y gobiernos sin la participación de las comunidades, lo que genera riesgos de explotación y uso indebido. Este asunto igualmente genera una contraposición entre las agendas de datos abiertos con el cuidado de la soberanía de datos indígena, ejemplo de ello son los principios FAIR para el manejo y gobernanza de datos (Encontrables, Accesibles, Interoperables y Reusables, por sus siglas en inglés) los cuales se han publicitado como el estándar deseable para el uso, reuso, y compartición de datos. No obstante, dichos principios y sus elementos accionables carecen de perspectivas de las comunidades sobre los datos usados y compartidos.

Además de estos desafíos, la apropiación de conocimientos tradicionales sin el consentimiento de sus comunidades de origen sigue siendo una problemática sin resolver. En el contexto de la inteligencia artificial, esta situación se ha agravado debido al uso de grandes volúmenes de datos extraídos de internet sin autorización, incluyendo expresiones culturales y conocimientos tradicionales de comunidades indígenas. Un caso representativo es el de Whisper, una herramienta de reconocimiento de voz, transcripción y traducción multilingüe desarrollada por OpenAI, la cual se construyó a partir de 680,000 horas de audio disponible en Internet, sin atribución o consentimiento de los pueblos indígenas de los que provienen (González Zepeda & Martínez Pinto, 2023).

Este tipo de prácticas refuerzan desigualdades históricas y privan a los pueblos indígenas del control sobre su producción cultural, al tiempo que favorecen la explotación comercial de estos conocimientos sin retribución alguna para sus legítimos titulares. Por su parte, la OMPI ha advertido que muchas herramientas de IA generativa han sido entrenadas con materiales extraídos de la web, incluyendo obras protegidas por derecho de autor y datos biométricos, sin que existan mecanismos claros que determinen si esta práctica constituye una infracción a los derechos de propiedad intelectual o de privacidad (OMPI, 2024). A nivel jurídico, persiste un vacío normativo respecto a la protección de los conocimientos tradicionales no asociados a recursos biológicos, lo que obliga a las comunidades indígenas a enfrentarse a procedimientos administrativos complejos cuando buscan defender sus derechos (Delgado, 2020). Esta falta de regulación adecuada permite que los saberes ancestrales sean utilizados para generar lucro sin beneficio alguno para sus verdaderos titulares, generando un riesgo constante de apropiación indebida sin reconocimiento ni participación de las comunidades de origen.

La transformación digital y la incorporación de nuevas tecnologías en la gestión y comercialización de los conocimientos tradicionales han generado múltiples desafíos para las comunidades indígenas y locales. La falta de mecanismos adecuados para garantizar la protección de estos saberes en entornos digitales, sumada a la creciente automatización de la producción cultural, ha facilitado la apropiación indebida, la descontextualización y la explotación económica de los conocimientos tradicionales sin el debido consentimiento. La próxima sección analizará las limitaciones de la propiedad intelectual frente a estos desafíos y las posibilidades de adaptación normativa para responder a esta nueva realidad.

B. La propiedad intelectual para la protección de los conocimientos tradicionales y las expresiones culturales tradicionales en el contexto de la inteligencia artificial

La inteligencia artificial ha transformado diversos sectores, impactando profundamente la manera en que se protegen y gestionan las expresiones culturales tradicionales dentro del marco de la propiedad intelectual. Aunque mecanismos como las marcas colectivas, las marcas de certificación, las denominaciones de origen, el secreto empresarial y las medidas contra la competencia desleal han sido empleados para salvaguardar estas expresiones, la IA plantea nuevos desafíos que cuestionan su eficacia y aplicación en la era digital. Como ha sido señalado por algunos autores los marcos jurídicos vigentes en materia de propiedad intelectual fueron concebidos en un contexto histórico, tecnológico, jurídico, económico y social distinto al actual, en el que no se preveía la existencia de sistemas informáticos capaces de crear contenidos de manera automatizada con una intervención humana mínima (Muñoz Vela, 2024). Esta transformación tecnológica ha generado vacíos normativos que ponen en entredicho la efectividad de los mecanismos tradicionales de propiedad intelectual para regular la producción y difusión de bienes culturales en el entorno digital. En este sentido, los marcos jurídicos tradicionales de PI no anticipaban la capacidad de los sistemas de inteligencia artificial para replicar, modificar y comercializar expresiones culturales sin el consentimiento de sus comunidades de origen a nivel masivo y global, lo que plantea nuevos desafíos en la protección y reconocimiento de los derechos colectivos sobre estos conocimientos.

Uno de los principales problemas radica en la vulneración masiva e imprevista de las marcas colectivas y las marcas de certificación debido a la capacidad de la inteligencia artificial generativa para procesar y utilizar datos protegidos sin autorización. Cuando los sistemas de IA se entrenan con datos que incluyen signos distintivos sin el consentimiento de sus titulares, se genera un riesgo significativo de infracción de derechos de marca. Este problema no se limita únicamente a los desarrolladores de modelos de IA, sino que se amplifica cuando los usuarios desprevenidos utilizan estas herramientas para crear y comercializar productos que incorporan elementos protegidos, sin contar con mecanismos efectivos para verificar su origen ni identificar posibles infracciones.

La OMPI ha advertido que *"muchas herramientas de IA generativa se entrenan a partir de cantidades ingentes (a veces miles de millones) de elementos protegidos por PI. Actualmente hay varios litigios en curso que se fundamentan en que la extracción y el uso de estas obras para entrenar la IA, los modelos de IA entrenados y sus productos constituyen infracciones de la PI. Estos casos se centran principalmente en el derecho de autor y las marcas, pero, en teoría, podrían afectar a otros derechos de PI, como los diseños industriales, los derechos sobre bases de datos y las invenciones patentadas"* (OMPI, 2024). Esta falta de claridad legal sobre la responsabilidad en la infracción de derechos de marca complica su protección en mercados digitales, donde la proliferación de herramientas de IA facilita la reproducción de signos distintivos sin control efectivo.

La propagación masiva de contenido generado algorítmicamente puede convertir una vulneración inicial en una infracción sistemática difícil de rastrear y sancionar. Esto representa un desafío considerable para las marcas colectivas y de certificación, ya que su uso no autorizado a gran escala no solo afecta la titularidad de los derechos, sino que también genera confusión en los consumidores y perjudica a las comunidades que dependen de estas marcas para la comercialización de productos culturales auténticos. Ante esta situación, resulta crucial exigir mecanismos de supervisión sobre los conjuntos de datos utilizados en el entrenamiento de IA a los desarrolladores de estos sistemas, así como crear herramientas de trazabilidad que permitan detectar y sancionar la infracción de derechos de marca en el entorno digital.

Por otro lado, las denominaciones de origen han sido tradicionalmente un mecanismo de protección que garantiza que ciertos productos mantienen un vínculo exclusivo con su territorio de origen, dotándolos de un valor cultural y económico particular. Sin embargo, el avance de las innovaciones digitales plantea desafíos significativos para estos signos distintivos. La digitalización y el comercio electrónico han modificado la forma en que se comercializan y certifican los productos protegidos, obligando a los sistemas normativos a adaptarse a un ecosistema tecnológico en constante evolución.

Usualmente se ha destacado que las denominaciones de origen no están en el centro de la innovación, ya que su esencia radica en el reconocimiento de una realidad preexistente y en la protección de una tradición. En este sentido, se diferencian de otros mecanismos de propiedad intelectual, como las patentes, que buscan proteger invenciones novedosas, tal como ha advertido la Oficina de Patentes y Marcas Española: *"Las denominaciones de origen no estarían incluidas en el corazón de la innovación. Esto es así, lo primero, porque es un signo distintivo y, a diferencia de lo que sucede en las patentes o en los diseños, en los signos distintivos lo esencial es que tengan aptitud diferenciadora, sin que se les exija la novedad. Es más, tal y como ha sido avanzado, las denominaciones de origen reconocen siempre una realidad preexistente"* (García-Noblejas, 2023).

En tal sentido, la inteligencia artificial plantea un reto complejo, puesto que su aplicación en la producción y comercialización de bienes protegidos puede poner en riesgo el vínculo entre los productos y su territorio de origen. La automatización de procesos productivos, especialmente en la industria artesanal, puede diluir el valor de la contribución manual directa, que es uno de los elementos esenciales en la certificación de estos productos. En el caso de las denominaciones de origen industriales, el uso de IA para la producción en masa de bienes con características similares a los protegidos por denominaciones de origen podría generar tensiones entre la preservación de la tradición y la adopción de nuevas tecnologías. Como ha señalado algunos autores *"el objetivo reconocido de las denominaciones de origen es la protección de un patrimonio cultural y de un determinado saber hacer colectivo. De manera que la elaboración de los productos típicos y tradicionales por robots mecanizados podría poner en riesgo el mantenimiento del vínculo con el lugar de origen"* (García-Noblejas, 2023).

A pesar de estos desafíos, existen experiencias positivas que muestran cómo la inteligencia artificial puede contribuir a la protección y promoción de expresiones culturales tradicionales asociadas a las denominaciones de origen. Un ejemplo es la plataforma desarrollada en México para la clasificación y catalogación de textiles indígenas mediante IA, la cual analiza patrones de textura y formas icónicas de los tejidos para generar registros digitales que faciliten su reconocimiento y resguardo. Esta tecnología no solo permite documentar de manera estructurada el conocimiento tradicional vinculado a estos textiles, sino que constituye un inicio para generar bases de datos con miras a una protección automatizada en el mercado global (González Zepeda & Martínez Pinto, 2023).

Otro aspecto crítico es el uso del secreto empresarial como estrategia de protección de los conocimientos tradicionales. A lo largo del tiempo, diversas comunidades han optado por mantener en confidencialidad ciertas prácticas y saberes ancestrales como forma de protección ante la apropiación indebida. No obstante, la capacidad de la IA para extraer información de bases de datos y utilizarla para entrenar modelos algorítmicos sin autorización ha convertido esta estrategia en una opción menos efectiva. Muñoz Vela advierte que *"la irrupción del despliegue y uso masivo de aplicaciones de IA generativa durante el último año ha motivado un intenso debate jurídico internacional en relación con el uso de contenidos protegidos por PI como input de estos sistemas sin autorización de sus respectivos titulares"* (Muñoz Vela, 2024). En ausencia de regulaciones claras, muchas comunidades se ven imposibilitadas para controlar cómo sus conocimientos son utilizados en estos procesos, lo que refuerza la necesidad de establecer salvaguardas jurídicas más robustas.

En términos de competencia desleal la capacidad de la IA para procesar grandes volúmenes de datos, replicar patrones de éxito y automatizar procesos productivos plantea desafíos significativos para la protección del mercado y los derechos de las comunidades que dependen de sus conocimientos tradicionales y expresiones culturales para su desarrollo económico y social. En este contexto, la competencia desleal se convierte en un marco normativo relevante para abordar prácticas comerciales que, aunque no constituyan infracciones directas de propiedad intelectual, pueden inducir a error a los consumidores, aprovecharse indebidamente del prestigio de ciertos productos o desincentivar la inversión en innovación y creatividad.

Uno de los principales riesgos en este ámbito es la capacidad de la IA para replicar y comercializar masivamente expresiones culturales tradicionales sin la autorización de sus comunidades de origen. Esta práctica puede generar confusión en los consumidores y otorgar ventajas competitivas indebidas a quienes explotan la reputación de productos protegidos, sin cumplir con los estándares de calidad y autenticidad que exige la normativa aplicable. La OMPI ha señalado que "*las artesanías, obras de arte y demás creaciones tradicionales de muchos pueblos indígenas y comunidades locales gozan de buen nombre, carácter distintivo y prestigio comercial, sólidamente acreditados. Estas cualidades valiosas e inmateriales pueden salvaguardarse gracias a diversos mecanismos de la legislación de protección contra la competencia desleal*" (OMPI, 2017). No obstante, la falta de aplicación efectiva de estas normas a productos generados por IA ha permitido que estos bienes lleguen al mercado sin respetar las condiciones exigidas para los productos auténticos.

Otro ámbito en el que la IA puede fomentar prácticas de competencia desleal es en la replicación automatizada de estrategias comerciales de empresas competidoras. Los algoritmos de IA pueden analizar grandes volúmenes de datos para identificar patrones de éxito en campañas de marketing, estructura de precios y posicionamiento de productos, permitiendo a ciertos competidores beneficiarse de técnicas comerciales sin haber invertido en su desarrollo original. Este fenómeno genera un aprovechamiento indebido de la reputación ajena, que es una de las prácticas consideradas como competencia desleal en muchos ordenamientos jurídicos.

La OMPI ha advertido que el uso de IA en estos contextos plantea incertidumbre jurídica sobre el alcance de las normas de propiedad intelectual y su intersección con la competencia desleal. En particular, ha señalado que «*existe una gran inseguridad jurídica sobre si las herramientas de IA, su entrenamiento, su uso y sus productos constituyen infracciones de la PI. La respuesta puede variar según la jurisdicción*" (OMPI, 2024). Esta falta de claridad puede conllevar a que asociaciones y/o comunidades afectadas por la reproducción no autorizada de sus conocimientos y estrategias comerciales enfrenten dificultades en la defensa de sus derechos.

En este sentido, es fundamental reforzar la regulación sobre competencia desleal en el entorno digital. Medidas como la supervisión de plataformas de comercio electrónico, la implementación de herramientas de trazabilidad y la adopción de criterios claros sobre la autenticidad de productos generados por IA pueden contribuir a mitigar los riesgos derivados de estas prácticas.

De igual manera, distintos actores han comenzado a proponer soluciones normativas para mitigar los riesgos que la IA representa para la protección de las expresiones culturales tradicionales. En el ámbito internacional, la Unión Europea ha incorporado disposiciones específicas en su Ley de Inteligencia Artificial (AI Act), estableciendo que los modelos de IA de uso general deben publicar resúmenes detallados del contenido utilizado para entrenar sus algoritmos y garantizar el respeto a los derechos de propiedad intelectual de los titulares originales (CEDRO, 2024). Sin embargo, este marco regulatorio ha sido criticado por sus limitaciones, dado que no establece mecanismos efectivos para compensar a los titulares cuyas obras han sido utilizadas sin autorización en el entrenamiento de IA. Por su parte, la Superintendencia de Industria y Comercio de Colombia ha señalado que, si bien la IA puede emplearse para fortalecer la detección de infracciones de PI, también ha facilitado la copia y modificación de expresiones culturales a una escala sin precedentes (Superintendencia de Industria y Comercio, 2024).

Ante este panorama, resulta evidente la necesidad de desarrollar estrategias regulatorias que consideren la complejidad de la interacción entre inteligencia artificial, propiedad intelectual y conocimientos tradicionales. La protección de las expresiones culturales tradicionales en el entorno digital no puede limitarse a los marcos normativos tradicionales de PI, sino que debe integrar enfoques innovadores que permitan la participación de las comunidades indígenas en tanto en el desarrollo de la tecnología como en la formulación de políticas, creación de herramientas tecnológicas que garanticen el control y salvaguarda de sus conocimientos tradicionales. La implementación de mecanismos de trazabilidad digital, el fortalecimiento de los sistemas de marcas colectivas y certificaciones, y la creación de nuevas disposiciones sobre competencia desleal en la era digital son medidas necesarias para responder a estos desafíos de manera efectiva.

C. Iniciativas en colombia para la protección de los conocimientos tradicionales y las expresiones culturales tradicionales en la era digital

El 29 de enero de 2025, la autora presentó un derecho de petición a Artesanías de Colombia S.A. BIC, solicitando información detallada sobre el Registro Único de Artesanos de Colombia (RUAC) y el programa Artesano Digital 2024. En la solicitud, se plantearon interrogantes sobre los objetivos, implementación y estrategias de estos programas para la protección de los conocimientos tradicionales y expresiones culturales tradicionales en el entorno digital. La respuesta de la institución, recibida en febrero de 2025, ofreció una visión sobre el estado actual de estas iniciativas y los desafíos pendientes en su implementación.

De acuerdo con la información proporcionada por Artesanías de Colombia, el RUAC tiene como propósito consolidar un registro oficial y actualizado de los artesanos en Colombia, permitiendo su reconocimiento, caracterización y acceso a programas de fortalecimiento técnico, económico y comercial. Además, el registro busca garantizar la autenticidad de la producción artesanal mediante certificaciones y mecanismos de trazabilidad que permitan identificar y proteger los conocimientos tradicionales aplicados a la manufactura de bienes culturales. Este sistema responde a la necesidad de proteger los conocimientos y expresiones culturales tradicionales de los artesanos y, al mismo tiempo, ofrecerles herramientas que faciliten su integración en mercados digitales y físicos.

No obstante, la entidad confirmó que el RUAC aún no se ha implementado. Su desarrollo se ha estructurado en cuatro fases: (i) diseño conceptual y metodológico, fase ya cumplida; (ii) implementación de requerimientos técnicos, actualmente en desarrollo; (iii) adjudicación e implementación de la plataforma tecnológica y (iv) socialización y puesta en marcha del sistema, que aún no han sido ejecutadas. De acuerdo con la entidad, la implementación total del RUAC depende de la disponibilidad de recursos y la articulación con entidades territoriales, por lo que se proyecta su funcionamiento completo hacia finales de 2025, con ajustes y mejoras continuas. Esto indica que, aunque el RUAC es una iniciativa clave en la certificación y trazabilidad de la producción artesanal, todavía enfrenta desafíos logísticos y presupuestarios que pueden retrasar su operatividad y limitar su impacto real en la protección de los conocimientos tradicionales.

En relación con el programa Artesano Digital 2024, Artesanías de Colombia explicó que esta iniciativa se diseñó para capacitar a los artesanos en herramientas digitales y comercio electrónico, con el fin de ampliar su participación en mercados digitales. Para ello, el programa se estructuró en cuatro ejes: ciclo de charlas, cursos en alianza con MinTIC, diplomado en marketing digital y mentorías personalizadas. El ciclo de charlas incluyó temas como marketing digital, comercio electrónico, gestión de redes sociales, pasarelas de pago, inteligencia artificial aplicada a negocios y fotografía. Además, se realizaron cursos sobre herramientas informáticas y estrategias de mercadeo digital, en colaboración con MinTIC, y se ofreció un diplomado de 80 horas titulado «E-Artesano: Conectando Tradición con el Marketing Digital», cuyo contenido abarcó desde el diseño de una marca en línea hasta estrategias de comercio electrónico.

Si bien el programa Artesano Digital 2024 ofrece oportunidades valiosas para que los artesanos expandan sus negocios a plataformas digitales, la respuesta de Artesanías de Colombia especifico que no se incluyó en el programa estrategias concretas para proteger los conocimientos tradicionales y expresiones culturales tradicionales en entornos digitales por medio de la propiedad intelectual. Promover la comercialización de estos conocimientos y productos en el mercado digital puede ser económicamente beneficioso para las comunidades artesanales, pero sin un acompañamiento en materia de propiedad intelectual y mecanismos de protección específicos para el entorno digital donde se incluye el factor IA, incrementa el riesgo de explotación y apropiación indebida de sus expresiones culturales tradicionales. La falta de formación sobre protección contra copias masivas en plataformas de comercio digital y estrategias de trazabilidad puede dejar a los artesanos en una posición de vulnerabilidad frente a terceros que se apropien de sus expresiones culturales sin reconocimiento del legado cultural ni compensación.

Este análisis refuerza la necesidad de que Artesanías de Colombia complemente la estrategia de digitalización con mecanismos efectivos de protección para los conocimientos tradicionales y expresiones culturales tradicionales en mercados digitales. Resulta fundamental integrar módulos sobre derechos de propiedad intelectual, estrategias de trazabilidad digital y herramientas tecnológicas y jurídicas para la protección de creaciones tradicionales, evitando que los beneficios del acceso a mercados digitales se vean opacados por un incremento en los riesgos de apropiación indebida y explotación no autorizada. Además, se requiere una mayor coordinación con entidades como la Superintendencia de Industria y Comercio y la Dirección Nacional de Derechos de Autor, para fomentar el acceso de los artesanos a mecanismos legales que les permitan que protejan sus expresiones culturales tradicionales y conocimiento en el entorno digital.

Ahora bien, para enfrentar estos desafíos entre otros generados por el uso de inteligencia artificial, el Departamento Nacional de Planeación el 14 de febrero de 2025, expidió mediante el CONPES 4144 la política nacional de inteligencia artificial. Esta política establece un marco estratégico que aborda los retos y oportunidades que la IA representa para distintos sectores, incluyendo la protección de la propiedad intelectual y los conocimientos tradicionales. Dentro de este documento, se reconocen los desafíos que la IA plantea para la integridad del patrimonio cultural inmaterial y la necesidad de implementar mecanismos de monitoreo y regulación que permitan mitigar riesgos de apropiación indebida y vulneración de derechos colectivos.

Uno de los ejes más relevantes del CONPES 4144 es el compromiso de monitorear las posibles vulneraciones de los derechos de propiedad intelectual derivadas del uso de la IA. Para ello, conforme se establece en la línea de acción 5.4 del documento, entre 2025 y 2027, el Departamento Nacional de Planeación (DNP), en coordinación con la Superintendencia de Industria y Comercio, el Ministerio de las Culturas, las Artes y los Saberes, y la Dirección Nacional de Derechos de Autor, liderará un estudio que analizará el impacto de la IA en la propiedad intelectual. Este estudio servirá como base para diseñar una estrategia de observancia y mitigación de vulneraciones, buscando generar herramientas normativas y técnicas que permitan a los titulares de derechos contar con mecanismos efectivos de protección.

El documento también hace un diagnóstico sobre la baja observancia de la vulneración de derechos de propiedad intelectual en relación con la IA, señalando que hasta el momento no existen estudios detallados sobre el impacto de esta tecnología en el ámbito de la propiedad intelectual en Colombia. En este contexto, se enfatiza la urgencia de mejorar los mecanismos de monitoreo y observancia, particularmente frente a sectores poblacionales vulnerables como lo son las comunidades indígenas y afrodescendientes. En efecto, el CONPES 4144, señala lo siguiente:

> *"Aunque la IA puede asistir a los artistas y creativos en su trabajo, también existe el riesgo de que se convierta en una herramienta para la producción masiva de contenidos sin valor cultural profundo (...) En el sector audiovisual colombiano, se evidencian retos en cuanto a la representación y la diversidad. Según el Ministerio de Cultura la participación de grupos étnicos y poblaciones vulnerables en la producción y el acceso a contenidos culturales es baja, lo que se refleja en una presencia limitada de perspectivas diversas en los medios. Además, el uso creciente de IA, como en los sistemas de recomendación y producción automatizada de contenido, podría agravar sesgos preexistentes si no se toman medidas adecuadas para garantizar la equidad y la accesibilidad".*

La ausencia de datos específicos sobre la interacción entre IA y propiedad intelectual representa una barrera para la formulación de políticas eficaces, lo que hace necesario fortalecer los procesos de documentación, seguimiento y análisis de los efectos de la IA sobre estos derechos.

En materia de protección de datos personales, el CONPES 4144 señala la necesidad de actualizar la Ley 1581 de 2012, con el fin de adaptarla a los desafíos que plantea la IA en el tratamiento masivo de datos. Este aspecto es especialmente relevante en lo que respecta a comunidades indígenas y afrodescendientes, cuyos conocimientos pueden ser capturados y replicados por sistemas de IA sin autorización ni reconocimiento. La evolución de los modelos de IA generativa ha evidenciado la facilidad con la que estos sistemas pueden extraer, procesar y reutilizar información cultural, sin que existan mecanismos claros para garantizar que dicho uso se haga con consentimiento y bajo principios de equidad y compensación justa.

Por otro lado, también el CONPES reconoce que el uso creciente de IA generativa en la producción de contenido artístico y cultural plantea un reto significativo para la autenticidad de las expresiones culturales tradicionales. En este sentido, con esta política nacional se abre el debate sobre la necesidad de desarrollar marcos regulatorios que impidan la explotación no compensada de las creaciones de comunidades tradicionales, evitando que el avance tecnológico se traduzca en un aumento de la vulnerabilidad de estos sectores.

El CONPES 4144 representa un esfuerzo por adaptar la normativa colombiana a las transformaciones que introduce la inteligencia artificial, promoviendo una estrategia integral que combine monitoreo, regulación y fortalecimiento institucional para enfrentar los desafíos en materia de propiedad intelectual. Sin embargo, el éxito de esta política dependerá de su implementación efectiva y de la capacidad del Estado para garantizar que los derechos de los creadores y comunidades sean protegidos de manera efectiva en el entorno digital frente a las nuevas dinámicas de producción de contenido impulsadas por la IA.

La digitalización y la inteligencia artificial han redefinido el panorama de protección de los conocimientos tradicionales (C.T.) y las expresiones culturales tradicionales (E.C.T.), creando tanto oportunidades como amenazas para las comunidades indígenas y locales. Mientras que las plataformas digitales permiten una mayor visibilidad y comercialización de estos saberes, también han facilitado su apropiación indebida sin reconocimiento ni compensación para sus legítimos titulares. La falta de marcos normativos adecuados y la escasa representación de las comunidades en la formulación de políticas tecnológicas agravan esta problemática, perpetuando desigualdades estructurales y exclusión en la economía digital.

Frente a estos desafíos, la propiedad intelectual en su configuración actual presenta limitaciones significativas para responder eficazmente a la explotación no autorizada de los C.T. y las E.C.T. La ausencia de regulaciones claras sobre la utilización de estos saberes en la inteligencia artificial y la proliferación de bases de datos abiertas han permitido que modelos de

IA sean entrenados con información cultural sin consentimiento de las comunidades. Además, la falta de alfabetización digital y acceso equitativo a tecnologías emergentes ha profundizado la vulnerabilidad de estos grupos, dificultando su capacidad de defender y gestionar sus derechos en entornos digitales. Para garantizar una protección efectiva, es necesario avanzar hacia modelos regulatorios y tecnológicos innovadores que incorporen mecanismos de trazabilidad digital, participación activa de las comunidades en la gobernanza de datos y la exigencia de consentimiento previo para el uso de sus conocimientos en la inteligencia artificial. Asimismo, la implementación de políticas públicas, como las impulsadas en Colombia con el Programa Artesano Digital 2024 y el CONPES de inteligencia artificial, debe fortalecerse con estrategias específicas de salvaguardia cultural y propiedad intelectual en la era digital. La protección de los C.T. y las E.C.T. es una obligación jurídica que requiere la adopción de un marco normativo efectivo para garantizar los derechos colectivos de las comunidades y su autodeterminación sobre el uso, gestión y preservación de sus conocimientos y tradiciones culturales en la era digital.

CONCLUSIONES

El análisis desarrollado en esta obra permite advertir la complejidad inherente a la protección de los conocimientos tradicionales y las expresiones culturales tradicionales en Colombia, tanto en el plano normativo como en la práctica. A lo largo de los cuatro capítulos, se ha puesto de manifiesto que, pese a los avances en la formulación de marcos regulatorios nacionales e internacionales, persisten vacíos jurídicos que limitan su protección efectiva. La concepción clásica de la propiedad intelectual, basada en principios de individualidad, temporalidad y exclusividad, ha resultado insuficiente para garantizar la protección de conocimientos que, por su naturaleza, son colectivos, dinámicos y transmitidos de generación en generación. Este desajuste entre el derecho vigente y la realidad de los conocimientos tradicionales ha propiciado un escenario en el que, aunque existen herramientas normativas, estas carecen de efectividad práctica y, en algunos casos, no impiden su apropiación indebida por terceros sin legitimidad.

El análisis conceptual de los conocimientos tradicionales y las expresiones culturales tradicionales ha permitido evidenciar su estrecho vínculo con las comunidades indígenas, afrodescendientes y campesinas que los han preservado. Estas expresiones no solo constituyen manifestaciones artísticas o saberes empíricos, sino que representan elementos esenciales de la identidad cultural y social de los pueblos. No obstante, su protección enfrenta obstáculos derivados de su intangibilidad, su transmisión oral y su relación con contextos territoriales y espirituales específicos.

El marco normativo vigente ha reconocido la importancia de estos conocimientos, pero sigue siendo insuficiente para garantizar su protección efectiva y equitativa. A nivel nacional, la Ley del Viche ha permitido el reconocimiento legal de una expresión cultural tradicional afrodescendiente, sentando un precedente en la protección de conocimientos asociados a productos específicos. Sin embargo, su alcance se restringe al ámbito de la producción artesanal de bebidas ancestrales y no se extiende a otros conocimientos tradicionales. A nivel internacional, el Tratado de la OMPI sobre Propiedad Intelectual, Recursos Genéticos y Conocimientos Tradicionales Asociados (2024) ha representado un avance al establecer la obligación de divulgar el origen de los conocimientos tradicionales en solicitudes de patentes, ayudando a prevenir la biopiratería. No obstante, su efectividad dependerá de su implementación y de la capacidad de los Estados para armonizarlo con sus normativas nacionales.

El derecho de propiedad intelectual ha intentado integrar herramientas para la protección de estos conocimientos, pero sus limitaciones estructurales persisten. Las marcas colectivas y denominaciones de origen han facilitado la comercialización y el reconocimiento de ciertos productos tradicionales, pero su impacto se restringe al ámbito mercantil sin ofrecer una protección real sobre los conocimientos subyacentes. El derecho de autor protege únicamente creaciones fijadas en un soporte material, dejando fuera las expresiones transmitidas oralmente o en constante evolución dentro de las comunidades. El secreto empresarial, por su parte, resulta inaplicable en aquellos casos en los que la tradición de transmisión abierta y comunitaria es un elemento intrínseco de los conocimientos tradicionales que se pretende proteger.

A estos desafíos regulatorios se suma la irrupción de la inteligencia artificial, que ha amplificado los riesgos de apropiación indebida y tergiversación de los conocimientos tradicionales y expresiones culturales tradicionales. La capacidad de estas tecnologías para procesar grandes volúmenes de datos sin regulación efectiva ha generado el riesgo de que patrones culturales, diseños ancestrales y expresiones orales sean recopilados, transformados y comercializados sin el consentimiento ni la participación de las comunidades titulares. La falta de transparencia en los insumos utilizados para entrenar los modelos de inteligencia artificial agrava esta problemática, ya que impide conocer si los conocimientos y expresiones culturales tradicionales han sido incorporados en estos sistemas y dificulta la identificación de los responsables de su explotación.

Otro de los efectos más desafiantes de la inteligencia artificial en este ámbito es la descontextualización del significado y contexto original de los conocimientos y expresiones culturales tradicionales. Al ser extraídas de su entorno y utilizadas para generar contenido automatizado, estas expresiones pueden ser despojadas de su carga simbólica y reinterpretadas de manera fragmentada o trivializada. Esta transformación digital, motivada en muchos casos por intereses comerciales o estilísticos ajenos a la cosmovisión de las comunidades, no solo altera el sentido y la función original de estas expresiones, sino que también amenaza con erosionar su valor cultural e histórico.

Si bien estos desafíos requieren respuestas regulatorias y éticas más contundentes, el desarrollo tecnológico también ofrece oportunidades para mejorar la protección de los conocimientos tradicionales y expresiones culturales tradicionales. Blockchain, por ejemplo, podría emplearse para generar mecanismos de certificación y trazabilidad que permitan a las comunidades registrar y autenticar sus conocimientos, asegurando su reconocimiento como parte de sus derechos colectivos. Los contratos inteligentes pueden establecer sistemas de gestión que condicionen el acceso y uso de estos saberes a la obtención de autorización previa, permitiendo que las comunidades ejerzan un mayor control sobre su aprovechamiento y sean compensadas equitativamente por su uso.

Asimismo, la inteligencia artificial podría ser una herramienta clave para detectar casos de apropiación indebida o violaciones a la propiedad intelectual de los conocimientos tradicionales. Algoritmos de aprendizaje automático pueden entrenarse para identificar usos no autorizados en plataformas digitales, facilitando la supervisión y la adopción de medidas correctivas. Sin embargo, para que estas soluciones sean eficaces, es indispensable establecer principios claros de transparencia en los insumos utilizados por los modelos de inteligencia artificial. La trazabilidad de los datos y la exigencia de estándares de documentación sobre la procedencia de la información empleada en estos sistemas son condiciones esenciales para evitar que la inteligencia artificial reproduzca los problemas de apropiación y descontextualización de los conocimientos tradicionales.

La protección de los conocimientos tradicionales y las expresiones culturales tradicionales no puede depender exclusivamente de la evolución normativa ni de la capacidad del derecho para adaptarse a los cambios tecnológicos. Requiere, además, la implementación de estrategias integrales que combinen herramientas jurídicas, soluciones tecnológicas y políticas públicas orientadas a garantizar la participación de las comunidades en la gestión de sus conocimientos. Mientras los marcos regulatorios no sean efectivos en la práctica y no existan mecanismos claros para evitar la apropiación indebida de estos saberes, su protección seguirá en riesgo.

En conclusión, los avances normativos en la protección de los conocimientos tradicionales y las expresiones culturales tradicionales han sido significativos, pero su efectividad es limitada debido a múltiples factores que condicionan su aplicación. La combinación de enfoques jurídicos, institucionales y tecnológicos se presenta como una estrategia clave para garantizar que los conocimientos y expresiones culturales tradicionales sean reconocidos, respetados y protegidos de manera efectiva.

BIBLIOGRAFÍA

DOCTRINA:

Asesora de Comunicaciones y SIART. (13 de Octubre de 2023). Artesanias de Colombia. Obtenido de Artesanias de Colombia: https://artesaniasdecolombia.com.co/PortalAC/Noticia/artesanias-de-colombia-sa-bic-presenta-el-ruac_15869

Berroterán, L. Á. (2024). EL NUEVO TRATADO INTERNACIONAL DE ACCESO A RECURSOS GENÉTICOS: LOGROS Y PROBLEMAS. Obtenido de Universidad Sergio Arboleda: https://www.usergioarboleda.edu.co/escuela-de-negocios-prime/noticias/el-nuevo-tratado-internacional-de-acceso-a-recursos-geneticos-logros-y-problemas/

Blanco, D. L. (2013). Vicisitudes del Protocolo de Nagoya en Colombia. Revista Gesión y Ambiente, 17-23.

Bustamante, S. D. (Enero de 2007). Hacia la creación de un sistema sui generis para la protección de los conocimientos tradicionales. Iuris Dictio. Revista del Colegio de Jurisprudencia (10), 95-111.

CEDRO. (24 de Mayo de 2024). Una protección mínima para los derechos de autor en la nueva Ley europea de IA. Obtenido de CEDRO: https://www.cedro.org/sala-de-prensa/noticias/noticia/2024/05/24/una-protecci%C3%B3n-minima-para-los-derechos-de-autor-en-la-nueva-ley-europea-de-ia

CORREA, C. (2001). Cuestiones y opciones acerca de la protección de los conocimientos tradicionales. documento de discusión, Oficina Cuáquera ante las Naciones Unidas (QUNO), Ginebra.

Corte Constitucional, MP: Luis Guillermo Guerrero Pérez, C111-2017 (Corte Constitucional 22 de Febrero de 2017).

Corte constitucional, M.P., Alberto Rojas Ríos, C480/19 (Corte constitucional 15 de octubre de 2019).

Corte Constitucional, MP: Adriana María Guillén Arango, T-477/2012 (Corte Constitucional 25 de Junio de 2012).

Corte Constitucional, MP:María Victoria Calle Correa, T 993/2012 (Corte Constitucional 23 de Noviembre de 2012).

DE LA CALLE, J. M. (2022). El proyecto de ley de competencia desleal. Asuntos legales.

DELGADO, J. M. (2020). Necesidad de protección a los conocimientos tradicionales. Especial mención a las expresiones culturales tradicionales. Revista La Propiedad Inmaterial n.º 29, Universidad Externado de Colombia, 25-75.

DNPI, OMPI y Min. de Industria, Energia y Minería de Uruguay. (28-29 de Noviembre de 2001). Simposio sobre la Protección Internacional de las Indicaciones Geográficas. Montevideo, Uruguay.

Fondo de las Naciones Unidas para la Infancia –UNICEF-. (2012). Recuperado el 2014 de junio de 5, de Los pueblos indígenas en Colombia.: http://www.unicef.com.co/wp-content/uploads/2012/11/pueblos-indigenas-Colombia.pdf.

FRANCO, N. T. (enero-junio de 2007). Un enfoque diferente para la protección de los conocimientos tradicionales de los pueblos indígenas. Revista Estudios Socio-Jurídicos, 9(1), 96-129.

GARCÍA-NOBLEJAS, P. M. (2023). La regulación de las denominaciones de origen no agrícolas en España y en contexto comparado. Madrid: a Fundación EOI F. S. P. y la Oficina Española de Patentes y Marcas.

GONZÁLEZ ZEPEDA, L. E., & Martínez Pinto, C. E. (2023). Inteligencia Artificial centrada en los Pueblos Indígenas: Perspectivas desde América Latina y el Caribe. Paris, Ciudad de México, Montevideo: UNESCO. Obtenido de UNESC.

HERRERA, J. C. (12 de 2013). DEFINIR AL AUTOR. DESDE LA PRO-PIEDAD INTELECTUAL HASTA EL MOVIMIENTO DERECHO Y LITERATURA. Estudios socio-jurídicos, 15(2).

LAMPREA, N. (24 de Mayo de 2024). Departamento de propiedad intelectual. Obtenido de Universidad Externado de Colombia: https://propintel.uexternado.edu.co/aspectos-clave-y-omisiones-del-nuevo-tratado-sobre-la-propiedad-intelectual-los-recursos-geneticos-y-los-conocimientos-tradicionales-asociados-de-la-ompi/

LEE, M. I. (10 de Diciembre de 2024). La gobernanza de la COP 16 y biopiratería: Artículo 8J sobre pueblos indígenas, afrodescendientes y comunidades locales. Obtenido de Universidad Externado de Colombia, Departamento de Propiedad Intelectual: https://propintel.uexternado.edu.co/la-gobernanza-de-la-cop-16-y-biopirateria-articulo-8j-sobre-pueblos-indigenas-afrodescendientes-y-comunidades-locales/

LOGGIODICE, D. O. (2002). Propiedad intelectual y conocimientos tradicionales indigenas. Merida, Venezuela: Editorial academica española.

MANUEL PACHON, Z. S. (1995). El Régimén Andino de la Propiedad Industrial (Ediciones Jurídicas Gustavo Ibañez ed.). Bogotá.

Ministerio de Industria, comercio y turismo de Colombia. (2011). Protegiendo nuestra identidad. Bogotá, Cundinamarca, Colombia: Ministerio de Industria, comercio y turismo de Colombia.

Ministerio de las Culturas, las Artes y los Saberes República de Colombia. (2024). PLAN NACIONAL DE CULTURA 2024-2038 CULTURA PARA EL CUIDADO DE LA DIVERSIDAD DE LA VIDA, EL TERRITORIO Y LA PAZ. Bogotá, D. C.

MONSALVE, M. M. (2024). Proteger los recursos genéticos y los saberes ancestrales: la conversación de la COP16 en la que Colombia no tendrá voz. EL PAIS.

MUÑOZ ROJAS, T. M., & Giraldo Builes, J. y. (2019). Me-canismos de protección de los conocimientos tradicionales: el caso de

Colombia. En Revista Derecho del Estado, Universidad Externado de Colombia, No 43, 235-264.

MUÑOZ VELA, J. M. (2024). Inteligencia artificial generativa. Desafíos para la propiedad intelectual. Revista de Derecho de la UNED (RDUNED), 17–75.

NEMOGÁ SOTO, G., CORREA ACERO, P., ELIANA, G., & LIZARAZO CORTES, O. (2006). Conocimientos tradicionales: riesgos y retos de una protección efectiva. Avance de investigación: «Conocimientos tradicionales: riesgos y retos de una protección efectiva », 14. (UNIJUS, Ed.) Bogotá, Colombia: Universidad Nacional de Colombia.

NEMOGÁ SOTO, G. R., CORREA ACERO, P., ELIANA, G. B., & LIZARAZO CORTES, O. (2006). Conocimientos tradicionales: riesgos y retos de una protección efectiva. Avance de investigación: «Conocimientos tradicionales: riesgos y retos de una protección efectiva », 14. (UNIJUS, Ed.) Bogotá, Colombia: Universidad Nacional de Colombia.

OBIJIOFOR, L. (2015). New Technologies in Developing Societies From Theory to Practice. Hampshire & New York: PALGRAVE MACMILLAN.

OIT. (1996-2014). Organización internacional del trabajo. Recuperado el 6 de octubre de 2014, de Convenio No.169: www.ilo.org/indigenous/conventions/no169/lang--es/index.htm

OlarteMoure. (31 de Mayo de 2024). OMPI adopta tratado sobre propiedad intelectual. Obtenido de OlarteMoure: https://olartemoure.com/ompi-tratado-sobre-pi/

OMC, D. d. (Noviembre de 2008). Antecedentes Indicaciones geográficas. Recuperado el 18 de Noviembre de 2014, de OMC: http://www.wto.org/spanish/tratop_s/trips_s/gi_background_s.htm

OMPI, Organización Mundial de la Propiedad Intelectual. (s.f.). OMPI. Recuperado el 9 de 07 de 2014, de Preguntas más frecuentes: http://www.wipo.int/tk/es/resources/faqs.html#q5

OMPI, Organización Mundial de la Propiedad Intelectual. (s.f.). OMPI. Recuperado el 9 de 07 de 2014, de Preguntas más frecuentes: http://www.wipo.int/tk/es/resources/faqs.html#q5

OMPI. (2002). LOS CONOCIMIENTOS TRADICIONALES: DEFI-
NICIONES Y TÉRMINOS. Comité intergubernamental sobre
propiedad intelectual y recursos genéticos, conocimientos tradicionales y folclore, Ginebra.

OMPI. (2005). Propiedad Intelectual y expresiones culturales tradicionales o del folclore. 913. Suiza: Organización Mundial
de la Propiedad Intelectual.

OMPI. (2014). Comité Intergubernamental sobre Propiedad Intelectual y Recursos Genéticos, Conocimientos Tradicionales
y Folclore. Vigesima octava sesión. Ginebra: OMPI.

OMPI. (2014). Conocimientos tradicionales. Recuperado el 24 de
septiembre de 2014, de OMPI (Organización Mundial del Comercio): http://www.wipo.int/tk/es/tk/

OMPI. (2017). Guía práctica sobre la propiedad intelectual para
los pueblos indígenas y las comunidades locales. Ginebra:
OMPI.

OMPI. (2022). Comité Intergubernamental sobre Propiedad Intelectual y Recursos Genéticos, Conocimientos Tradicionales
y Folclore. Ginebra: Secretaría.

OMPI. (2023). La Propiedad Intelectual y la Artesanía Tradicional. Ginebra: Publicaciones OMPI.

OMPI. (29 de Noviembre de 2024). Decisions of the Forty-Eighth
and Forty-Ninth Sessions of the Committee. Obtenido de OMPI:
https://www.wipo.int/edocs/mdocs/tk/en/wipo_grtkf_ic_48/
wipo_grtkf_ic_48_decisions.pdf

OMPI. (2 al 6 de Diciembre de 2024). Decisions of the Forty-
Ninth Sessions of the Committee. Obtenido de OMPI: https://
www.wipo.int/edocs/mdocs/tk/en/wipo_grtkf_ic_49/wipo_
grtkf_ic_49_decisions.pdf

OMPI. (2024). IA generativa Cómo abordar la propiedad intelectual. Obtenido de División de la OMPI de Propiedad Intelectual y Tecnologías de Vanguardia: https://doi.org/10.34667/
tind.49471

OMPI. (24 de mayo de 2024). Los Estados miembros de la OMPI
adoptan un nuevo e histórico Tratado sobre la Propiedad Intelectual, los Recursos Genéticos y los Conocimientos Tradi-

cionales Asociados. Obtenido de OMPI: https://www.wipo. int/pressroom/en/articles/2024/article_0007.html

OMPI. (2025). Glosario de términos clave relacionados con la propiedad intelectual y los recursos genéticos, los conocimientos tradicionales y las expresiones culturales tradicionales. Ginebra: Secretariado de la OMPI.

OMPI-UNESCO. (1985). UNESDOC. Recuperado el 25 de octubre de 2014, de UNESCO: unesdoc.unesco.org/ images/0006/000684/068457mb.pdf

Organización Nacional Indigena de Colombia ONIC. (2007). Organización Nacional Indigena de Colombia. Recuperado el 12 de 07 de 2014, de Pueblos Indigenas: http://cms.onic.org.co/ pueblos-indigenas/

PROCOLOMBIA-COLOMBIA CO. (17 de Febrero de 2025). Obtenido de Productos colombianos que cuentan con un certificado de origen: https://colombia.co/extranjeros/negocios-en-colombia/exportacion/productos-colombianos-con-denominacion-de-origen

Ramírez, E. J. (2013). Implicaciones del Protocolo de Madrid en el Derecho Marcario de la Comunidad Andina. La Propiedad Inmaterial, 247-261.

Secretaría Cámara de Representantes. (18 de Febrero de 2025). CONGRESO DE LA REPÚBLICA DE COLOMBIA CÁMARA DE REPRESENTANTES. Obtenido de COMPETENCIA DESLEAL: https://www.camara.gov.co/competencia-desleal?utm_ source=chatgpt.com

Secretaría del Convenio sobre la Diversidad Biológica. (2011). PROTOCOLO DE NAGOYA SOBRE ACCESO A LOS RECURSOS GENÉTICOS Y PARTICIPACIÓN JUSTA Y EQUITATIVA EN LOS BENEFICIOS QUE SE DERIVEN DE SU UTILIZACIÓN AL CONVENIO SOBRE LA DIVERSIDAD BIOLÓGICA TEXTO Y ANEXO. Montreal: Naciones Unidas.

SIC. (2008). Resumen guías propiedad industrial SIC. Recuperado el 28 de Noviembre de 2014, de www.propiedadIntelectualcolombia.com/site/Biblioteca/ABCdelaPropiedadIntelectual/tabid/76/Default.aspx

SIC. (marzo de 2013). Manual denominaciones de origen. Bogotá, Colombia.

Superintendencia de Industria y Comercio. (21 de Febrero de 2024). La inteligencia artificial y la propiedad intelectual. Obtenido de Superintendencia de Industria y Comercio: https://www.sic.gov.co/ruta-pi/noviembre-2023/la-inteligencia-artificial-y-la-propiedad-intelectual

Superintendencia de Industria y Comercio. (17 de Febrero de 2025). Denominaciones de origen. Obtenido de Superintendencia de Industria y Comercio: https://www.sic.gov.co/marcas/denominaciones-de-origen?utm_source=chatgpt.com

Superintendencia de Industria y Comercio. (2021). Manual sobre denominaciones de origen, marcas colectivas y marcas de certificación. Obtenido de Superintendencia de Industria y Comercio: https://www.sic.gov.co/ruta-pi/abril-2022/propiedad-industria/manual-sobre-denominaciones-de-origen?utm_source=chatgpt.com

Superintendencia de Industria y Comercio. (24 de Junio de 2022). ¿Puede protegerse un secreto empresarial a través del registro ante la SIC? Obtenido de Superintendencia de Industria y Comercio: https://sedeelectronica.sic.gov.co/sites/default/files/boletin-juridico/conceptos/22-196277.pdf

Superintendencia de Industria y Comercio. (24 de Mayo de 2024). COLOMBIA: Promotora de un nuevo tratado Internacional sobre Protección de recursos Geneticos Asociados a conocimientos tradicionales. Obtenido de Superintendencia de Industria y Comercio: https://sedeelectronica.sic.gov.co/noticias/colombia-promotora-de-un-nuevo-tratado-internacional-sobre-proteccion-de-recursos-geneticos-asociados-conocimientos-tradicionales

Superintendencia de Industria y Comercio. (12 de Febrero de 2025). ¿Qué se puede registrar como una marca? Bogota, Bogota distrito capital, Colombia.

TAMAYO, L. (5 de Julio de 2024). Patentes, recursos genéticos y conocimientos tradicionales: opinión sobre las posibles implicancias del nuevo Tratado de la OMPI en la normatividad andina. Obtenido de Lvcentinvs: https://www.lvcentinvs.

es/2024/07/05/patentes-recursos-geneticos-y-conocimientos-tradicionales-opinion-sobre-las-posibles-implicancias-del-nuevo-tratado-de-la-ompi-en-la-normatividad-andina/

TRÓCHEZ, G. C. (14 de agosto de 2013). Plagio de mochilas arhuacas tiene los días contados. La republica.

TRUJILLO, F. V. (2007). FUNDAMENTOS CONSTITUCIONALES PARA LA PROTECCIÓN DEL CONOCIMIENTO TRADICIONAL. Bogotá, Colombia: Pensamiento jurídico.

UNCTAD-CAF-CAN. (noviembre de 2001). Guía legal de Biocomercio en la región andina. Obtenido de <htpp://www.ciel. org/ Publications/GuialegaldeBiocomercio.pdf.>

NORMATIVIDAD

Ley 23 de 1982 de Colombia
Ley 256 del 2000 de Colombia
Ley 599 del 2000 de Colombia
Ley 2158 de 2021
Decreto 1080 de 2015
Decreto reglamentario 1456 de 2024
Constitución pólitica de Colombia.
Convenio sobre la Biodiversidad Biologica de 1992
Convenio 169 de la Organización del trabajo de 1989
Convención para la Salvaguardia del Patrimonio Cultural Inmaterial
Corte Constitucional de Colombia. (2012). Sentencia T-477 de 2012.
Corte Constitucional de Colombia. (2012). Sentencia T-993 de 2012.
Corte Constitucional de Colombia. (2012). Sentencia C-111 de 2017.
Corte Constitucional de Colombia. (2019). Sentencia C-480/19
Declaración de las Naciones Unidas sobre los Derechos de los Pueblos Indígenas de 2007
Decisión 391 de 1996 de la CAN
Tratado de la OMPI sobre Propiedad Intelectual, Recursos Genéticos y Conocimientos Tradicionales Asociados (2024)

Protocolo de Nagoya sobre acceso a los recursos genéticos y participación justa y equitativa en los beneficios que se deriven de su utilización al Convenio sobre la Diversidad Biológica CONPES 4144 - Política Nacional De Inteligencia Artificial